The 86 Biggest Lies on Wall Street

shiwenbooks

The 86 Biggest Lies
on Wall Street

华尔街的
86个弥天谎言

【美】约翰·R.塔伯特/著   夏 愉/著

重庆出版集团
重庆出版社

□中国大陆中文简体字版出版 ⓒ 2009 重庆出版社
□全球中文简体字版版权为世文出版(中国)有限公司所有

版贸核渝字(2009)第 067 号

图书在版编目(CIP)数据

华尔街的 86 个弥天谎言/(美)塔伯特著;夏愉译. —重庆:重庆出版社,2009.8
书名原文:The 86 Biggest Lies on Wall Street
  ISBN 978-7-229-00973-1

Ⅰ. 华… Ⅱ.① 塔… ② 夏… Ⅲ. 金融市场—研究—美国 Ⅳ. F837.125

中国版本图书馆 CIP 数据核字(2009)第 130733 号

华尔街的 86 个弥天谎言

[美]约翰·R.塔伯特 / 著

夏愉 / 译

出 版 人:罗小卫
策　　划:百世文库 shiwenbooks
责任编辑:彭丽莉　刘思余
特约编辑:李明辉
责任校对:郑　葱
封面设计:阿　元

重庆出版集团
重庆出版社 出版

(重庆长江二路 205 号)
北京朗翔印刷有限公司　　　　印刷
重庆出版集团图书发行公司　　发行
邮购电话:010-84831086　84833410
E-MAIL:shiwenbooks@263.net
全国新华书店经销

开本:787mm×1092mm　1/16　印张:13　字数:152 千
2009 年 8 月第 1 版　　2009 年 8 月第 1 次印刷
定价:29.80 元

你们应当知道真相,而且真相会让你们自由。

——《圣经·约翰福音 8:32》

可使人们自由的真相在极大程度上是人们所不愿听到的。

——赫伯特·阿加尔

谎言不仅本身就是邪恶的,它还会以邪恶侵害人们的灵魂。

——柏拉图(427B.C.－347B.C.)《对话篇·斐多》

野心驱使许多人变得虚伪;一种想法成竹在胸,另一种说辞已候在唇舌之间。

——撒路斯提乌斯(86B.C.－34B.C.)《对喀提林的战争》

所有的真理都要经历三个阶段:第一阶段,它被认为荒诞不经;第二阶段,它受到激烈的抵制;第三阶段,天下人把它当作不言自明的东西加以接受。

——亚瑟·叔本华(1788－1860)

不遗余力地追求真理,你将解放你自己,即便你永不能捉到真理飘忽的衣角。

——克莱伦斯·丹诺(1857－1938)

华尔街的 86 个弥天谎言

1. 进入危机时,美国经济在世界上是最强劲的和最有张力的。

2. 这场危机只不过是简单的次贷问题,没人能预见到的。

3. 政府坚持借贷给没能力买房的穷人,造成了这场危机。

4. 是政府,通过政府主办的产业,房利美和房地美,造成了危机。

5. 问题局限于信贷抵押市场。

6. 这是一个随机事件, 就像百年一遇的洪水那样, 每过 50 年到 100 年自然出现在市场之上,根本不可避免。

7. 在没有管制和没有政府干预的情况下,自由市场资本主义会运行得最好。

8. 大公司就跟人一样,只不过更为理性罢了。

9. 投资银行、商业银行、评级机构和中间商因代表你的利益而收取报酬。

10. 资本主义在所有行业都同样行之有效。

11. 如果人们在投资上更加灵活多变,这场危机就没有那么伤人了。

12. 游说者对国家是好的, 而且是民主体现在行动上的伟大范例;华盛顿的游说有的为了老祖母,有的为了宠物主人、教师,甚至为了我们大家。

13. 全球银行系统拥有充足资金,能承受这场冲击。

14. 如同大萧条,主体上是一个流动资金的问题,向系统内注入资金,问题就会迎刃而解。

15. 人们不进行投资,银行也不进行借贷,是由于大家都失去理性而且畏缩不前。

16. 拯救濒临破产的公司需要用纳税者的钱。

17. 汉克·保尔森针对不良资产减除计划的每种说法。

18. 有些一流的大型金融机构是我们银行系统的基础, 而且, 由于它们太过重要,不可使之承受破产的风险。

19. 靠政府的 170 亿美元,我们可以拯救汽车制造业。

20. 银行,由于具有稳定的资金储备,因而更加稳定;然而,将投资银行、花旗银行和通用汽车金融服务公司(GMAC)变为银行控股公司更为明智。

21. 多样化是关键。如果每个人都持有多种多样的有价债券资产,市场和社会都会稳定得多。

22. 低价买入—高价卖出是屡试不爽的经验,也是人所共识的投资战略。

23. 股票市场将会很快反弹到危机发生前的水平,经济总体上也是如此。

24. 一个购买并持有的长期投资战略会带来高超的回报,这比草率地在萎缩的市场上抛售好得多。

25. 花费不太多的钱,在一个阶段进行小批量购买,是一个获得良好收益而又不必承受过大风险的办法。

26. 生命周期投资意味着人们在自己有创造力的年份储蓄,在退休之后消费。

27. 技术分析包括制作股票历史价格图表,它对于识别购买机会或者认识关键抛售信号都会很有帮助。

28. 在投资前,与长期从事投资事业的资深金融顾问商议,将有助于你在未来很长时间内避免损失大量金钱。

29. 长期而言,股票会胜过有价债券,假如你不在乎这期间发生些微的资产挥发就行。

30. 股票市场崩溃在当今是不可能的,因为市场是有效的;他们根据所有相关信息适度合理性地规定价格,使得某一天突发大规模的动荡几乎不可能。

31. 要在处于垄断地位的大公司身上投资。

32. 与净收入相比,年度现金流是一项更可靠的衡量公司创收潜力的参考值。

33. 公司销售具有致瘾性的产品，这有利于开拓更广的投资领域。

34. 高通货膨胀导致利率达到峰值，而由于利率更高，普通股票的资产/收益比会被压低。

35. 股票市场的 20 年增值主要得益于经济增长、创新、开放新市场以及良好的管理。

36. 市盈率较低的股票被认为是廉价品，因为相对于收益而言它们卖出得较便宜，特别是，当它们是大股息支付者。

37. 股息固定的国债是没有风险的。

38. 有内部信息的债券是没有风险的，因为它们会随着通胀自动调节。

39. 利率是由美国联邦储蓄委员会决定的。

40. 债券是一个好的投资项目，而且应当代表个人投资领域的重点投资方向。

41. 对于个体纳税者来说，免税双向债券是好的投资选项。

42. 私人产业公司是凭借长期经营项目创造价值并使他们投资的产业不断增长。

43. 股票投资选项可使你迅速升级，而对下滑的风险有所控制。

44. 风险资产基金是一项了不起的从事高技术冲浪的活动。

45. 商品价格当然要在全球衰退的情况下应运下跌。

46. 不用在意当前的崩溃局面，房产永远是一项长远的良好投资。

47. 黄金是一项不好的投资，因为它在产业系统中几乎没有生产性用途。

48. 与普通股票相比，首选股是更好的投资。

49. 目前的失业率为 7.2%。

50. 当前报告的真实 GDP 的下降程度实际上被过高估计了。

51. 通货膨胀是过热的经济与过低的失业率以及工人要求过高的工资所导致的。

52. 美联储在为所有美国人工作,而且致力于保持经济增长和活力。

53. 经济往复循环和退缩对于良好运行的经济都是必要的,也是正常的。

54. 在一个国家,大的就业增长是经济健康繁荣的表现。

55. 减税会带来经济增长。

56. 更多的国家财富,平均而论,会使民众更幸福。

57. 社会保险是一个关心老年人和穷人的计划。

58. 为了美国经济的健康,GDP 需要保持增长。

59. 技术进步可以带动生产力的提高,从而带来更健康更幸福的社会。

60. 负债经营是好的,因为它增加持股者的资产收益。

61. CEO(首席执行官)应该挣大钱,这是高度竞争的市场决定的。

62. 公司实体的最大优点是可以限制投资者的债务负担。

63. 复杂的金融机构是被设置来让债券发行方和投资方都可受益的。

64. 大多数合并会为购买方创造巨大数量的优势协同价值。

65. 大型联合公司推动全球化,是为了他们的产品开放新的市场。

66. 一个国家的公民富裕程度,最好的指标是最广大的自然资源。

67. 国际贸易已经为各国财富的增长作出了贡献。

68. 民主改革对于经济增长是不好的,因为投票的穷人会组织起来坚持要求收入和财富的重新分配。

69. 资本主义国家享有极大的繁荣,但却是以极大的收入不均为代价的。

70. 中国和印度引领的全球经济多元化可在很大程度上调节并缓和美国的金融危机和经济衰退。

71. 我们的经济联合体和银行越大越好，因为那样可使它们成为更有效、更强大的国际竞争者。

72. 政府给予更大的社会性支持，这种欧洲模式是一种失败的意识形态。

73. 信用负债抵押市场可通过允许投资者规避违约风险以减少系统中的风险，因而可使当前的危机更容易应对。

74. 多元化市场应当不受管制，以达到最大的流动性。

75. 个体公司从市场多元化受益，因为它可以使赚钱之途顺畅，减少变动。

76. 平均而言，对冲基金胜过一般市场。

77. 如果你想选择对冲基金型收益的话，投资一个基金中的基金是一种使风险最小化的上策。

78. 伯尼·麦道夫开创了一条不断赚钱但又不过分的坦途，年复一年都会有收益。

79. 对冲基金不应当受到管制，因为只有见多识广的投资者才会对其投资。

80. 当前的金融危机是政府过多干预市场造成的。

81. 政府管制对经济增长和繁荣都是不利的。

82. 资产评估事务所是规范的机构，它们为投资者工作，为他们的投资做出最适宜的判断和估价。

83. 证券交易委员会可以阻止内部交易和市场操控。

84. 银行主要使用表外资产经营以便为他们的持股者增加收益。

85. 商业和投资银行领域的中国墙会阻止利益冲突。

86. 对金融市场的过度管制是不必要的，因为任何受到伤害的人都可以诉诸法律而获得赔偿。

目　录

导 言

我知道你在想什么。我怎么能把所有的一切仅仅归结为 86 条谎言呢?

这本书的题目或许显得有点怪诞,不过我可以向你保证,这不是玩笑。你看,到头来,关于华尔街的谎言不仅让投资者伤心,它还是我们正在经历的这场金融灾难的主要肇因。今天的经济危机,不会由于减税、加大政府开支、更多举债或者把利率降到零,诸如此类的举措而得到修复。

这场经济危机的成因更为深远,本质上属于更为基础性、结构性的问题。多年以来,我们整个金融体系早已腐败不堪了。

审视那些出自华尔街的弥天大谎,我们要动手揭开真相,看看这种腐败的状况何以一直得到宽宥,使我们最大的经济联合体、我们最大的金融机构,对了,还有我们的政府,都染上了这样一种流行病。

本书第一部分将把关注重点放在分析和解释上,看看华尔街和商业社团如何把精心设置的骗局解释成金融系统业已衰败、资本市场发生停滞、信用体系出现危机以及经济本体自然出现的下滑。我们要探寻这场危机的根本原因,这有助于我们理解和发现有可能突破困境的办法。本书其他部分则致力于使读者拥有更多的相关知识,使大家成为更明智的投资者。另有一些篇幅用来探讨我们当下面对的危机,但是,我一定要把华尔街长久以来为了骗取投资者和顾客的血汗钱而使用的欺诈伎俩公之于众。

当今世界的特点之一就是,所有行业的人才一律训练有素,远非昔日可比,只是术业有专攻,专家的领域也是有限的。我们一些脑筋最好使的聪明人去作医生或者律师了,可惜他们往往对眼前的医学或法学过于专注,乃至心无旁骛,从不涉猎复杂的金融和投资技巧。如果他们只靠看看报纸和电视就以为有了金融技术的训练,结果只能大失所望。记者,假如想另辟蹊径,也只能做个蹩脚的金融专家。一开始,他们都是颇具才华的写手,因而左脑的数学技巧大概相对欠缺。后来,假如他们对金融行当真有了兴趣,那么去高盛公司试试手要比在《纽约时报》上写东西更见实效,至少到目前为止尚无例外。所以这里就有了本人出手的企图,想要扭转这种不平衡态势。我有几十年金融与经济领域的训练,拥有行家的内业话语权,可以尽数华尔街上亲眼所见之鬼诈伎俩,那些对全无戒备的客户加以欺骗的勾当。华尔街上到处站着钱财被套空的潦倒的医生、牙医和律师,他们满脑子都是粗浅的金融常识,还自以为足具专家水准。如他们自己所说,假如你不了解自己,那么华尔街是个能让你彻底认识自己的好地方,只不过学费很贵。当前的金融危机怎么跟撒谎和腐败扯上了干系?可谓事事皆成缘由也。全球经济基本上按两大阵营布局:成功的、高度发展的国家,发展前景漂亮;笨拙运行的发展中国家则缠足不前,产出低微,人均收入可怜。有极大数量的相关研究已经出了成果,试图解释这种戏剧性的分裂是何道理。我说戏剧性,是因为发达国家典型地拥有年人均收入 5 万美元,而发展中国家人均年收入只有 1 000 ~ 2 000 美元。如果你像我一样相信,世界上所有的人基本上没有多大差别,智力水平也大致相同,那么,在劳动产出上如此戏剧性的差异,就太让人感到不可思议了,实在需要搞清楚。而我们业已清楚的是,最发达的世界群体是民主的,而发展中国家则大多还死抱着业已证明是失败的经济体制。这种社会的根本性合理因素的缺失一直阻碍他们的经济能像良好的社会框架里的经济一样欣欣向荣。不同阵营的经济学家在谈论理想体制的时候,观点一向南辕北辙。在一个社会体系中,必须有这样一种公共机制,它能保障所谓的商业活动在公正的法规管理下公平地运作。这就是为什么大多数经济学家都相信,依法治理是成功经济的最重要的社会机制。法制应当覆盖整个社会体系,包括我们的法院建制、法官、我们的警察,还应当包括我们的立法过程以及我们法律、法规和管理条例的制定,使所有那些制约对所有选民一律公平、一视同仁。

公平,何以对经济体制如此重要?很简单,在不公平的体制内,只有少数集团拥有绝对不公平的优势,万事皆占头筹;而其他社会成员只能识相,不参与那些游戏。他们也就懒得好好上学,不想卖力气工作,也基本想不到开发自己的潜能去搞什么发明和创造。如果你们人口中的大多数都从创造性生活中落伍，只因为社会体系没有对他们开放的机会，你们就不会有一个基础雄厚的、成功的经济。我们或许可以试问，这些对公平和正义的诉求源自何方？我并不认为那是我们基因里早已具备的东西，尽管，在许多哺乳动物身上已经发现了有关的天性，比如犬类：在实验室环境中，如果对某些狗投喂面包作为奖励，那么对其他以香肠作为奖励的同类，它们会表现出强烈的愤慨。我们或许有某种与生俱来的判断力，知道公平有助于我们作为群体可以更好地共处与协作。从进化论的角度说，很可能这种对公平的判断力是根植于我们自身的特性。但是人类对公平与正义的追求是在文艺复兴和启蒙运动中获得长足进展的。大家把关注的焦点从上帝和国王身上转移到了普罗众生，并且认定每个人的心灵和生命都是圣洁的。其间，这种了不起的意识被人类培植壮大，在它护佑下的社会中，人人都能参与创造性生产活动，人人都可获得生存所需要的机会而不受他人左右和干涉。最终，这种意识成熟起来，大家开始探讨如何建立协作的政府，才能使每个人的生存权、自由权和追求幸福的权利、平等的机会、公平和正义等方面至关重要的保障得以落实。

是的，地球上许多最贫穷的国家仍为独裁者所统治，但是我深信，这些国家真正缺失的是他们的公众对个人自由坚定持久的诉求。这些国家的人民大多数都没有接受过文艺复兴和启蒙运动的教化。一旦他们耳濡目染到上述伟大的人类思想，也知道普天之下，人人神圣不可侵犯，就能凝聚起巨大的力量，那么他们的国家就没法子还走独裁的老路。

自由民主社会的秩序不是以国王或者独裁者的统治为基础的，而只能以一整套法律法规为基础。同样，经济体系及其他领域也概莫能外。没有严整的法律规章，你不可能拥有经济市场的空间，而且你也无法发展起博大精深的资本主义市场。对私有产权的保护，对契约的诚实守信，对欺诈行为的严密防范，对消费者的多方保护，以及消除垄断寻租，等等，都是相应法规庇佑的例证，那些法规可以确保经济体系的正确运作以及自由市场功能的正常发挥。

如今许多人可能会有种错觉，认为所有的管理规定都是坏的，市场无需他人染指自会运转得进退有度,收发自如。这种结论全无道理。市场的本性是——假如你一直在搞垄断,你自会深谙其中诡秘——大多数公司都趋向于膨胀得越来越大,从而使权力高度集中,要由政府来判定他们会不会搞权威垄断。存在垄断,你就不可能有功能发挥适度的市场而使资源得到合理而有效的配置。同样,只要允许欺诈行为的存在,市场经济就不可能行之有效。结果很可能是,所有市场参与者要浪费大量的时间和精力,因为他们必须时时提防自己的贸易伙伴和潜在的投资者是否会设置陷阱,进行欺诈。而对市场依法治理,并且如同政府行使职能那样,集中监查力量对付欺诈,情况自会好得多。在那样一个运营有致的系统中,无论职业商人还是一窍不通的外行都可以参与高速运行的商业活动,甚至通过互联网或电话就能做生意,无需担心欺诈的陷阱,因为他们知道,只要有人妄生邪念并冒险一试,立刻就会受到惩治。

你或许认为这种探讨对美国的事务无干痛痒,特别是对华尔街,起不了什么作用,那你就错了。这些对市场合理有效运作至关重要的基本原则,华尔街漠视了,因而造成了大家眼前这场经济危机。自 1981 年里根当选总统以来,这个国家变得越来越疏于管理和涣散无章。我相信,是商业圈在暗中促成这种局面,他们不遗余力地对华盛顿施加不良影响,花在竞选捐资和游说上面的钱不计其数,可谓天价。但是,那些有违常规的缪见以及对市场听其自然的论调竟然成功地在经济体系中大行其道,那些家伙甚至用不着自己直接出头,大多数经济学家就欣然买账,相信了对商业市场管制越少越好的说法。如果你明白市场之所以必须加以管制,甚至,不依法管治市场就不能生存的根本道理,你就能看懂这场抵抗管制的逆流是何等荒诞不经了。就华尔街商圈的情形而论,对依法管治的抵抗可谓旷日持久而且与日俱增,几乎把抵抗的前沿推到了彻底不要管制的边界。没有管制的时候,规矩的商行的确会照例规矩地做生意,但同时也为规矩的破坏者敞开着大门,心性卑劣、诡诈取巧的家伙就会不失时机地去偷、去骗、去瞒天过海而后溜之大吉。当然,在过去 30 年间,扯谎、作弊、偷窃、不守规矩甚至违法犯罪等等现象并非华尔街所独有。仅就盛行于制药行业的谎骗、欺诈和偷盗,我大可以写成一本鸿篇巨制的,让我含糊的是,我的书是否可以把所有谎言一网打尽。不过我还是把焦点投向华尔街，因为我确信，我们金融市场的崩溃是近来这场金融危机的直接肇因。我知道，政府实际上是他们的同谋——它允许违反规定的运作存在，而且政府官员违背了自己上任时的誓言，因为他们唯华尔街和大型商业集团的马首是瞻，却对广大选民的利益置之不顾。只是竞选捐资和游说活动愈演愈烈，我已经无法再把政府看成是独立的实体，它几乎就成了大型商业和华尔街的小附庸。当上美国的议员，这在你看来似乎是件风光无限的事情，可是我告诉你，他们是从华尔街和美国大商团得到进退指令的。坐镇参院银行委员会的议员都有各自数目庞大的竞选捐资者，而最大的捐资者永远是他们予以支持管理的大型金融机构。我不得不说，那些议员如今已经名声扫地，真成了一伙听命于他人的雇佣军了。一位议员每年因公共服务活动或著书立说或可得到大约 50 万美元的报酬，可是，执行华尔街大亨的指令可以让他发大财，每年的收入直追数亿美元，甚至数十亿美元。

　　这本书里呈现的谎言有大有小。有些人属于真正的骗子，因为他们预先清楚那些谎言的荒诞无稽，却竭力哄骗别人相信他们在讲真话。还有令人大惑不解的，竟有一些事情实际上比谎言更加荒诞不经。我并不认为连伙食承办商都清楚自己挂羊头卖狗肉的行为有什么不对头，因而可以说他们不是有意撒谎，因为他们从来就不知道什么是对的。可是，如果这些伙食承办商吃出了甜头，接二连三地从事这种不诚实的勾当，把它升级成为一项严肃的经营策略，那就属于我包罗书中的谎骗和欺诈了。我在本书中探讨的一些说法简直法力无边，让他们淹没在 86 条显然荒唐怪诞的见解之中实在有点委屈。例如：本书提到的第十一条谎言说的是，紧跟商业多元化的战略可以使你的风险最小化而在未来的收益最大化。我要说，仅凭一点基本的常识——商业学校毕业的人起码接受过相关教育——就会明白这种观点实在是错得离谱。但是在我所做的相关工作基础上，我决定就这个题目写一篇学术研究论文，还要加上一个副标题："追随成功的多元化投资战略的一个小小的副作用——全球金融的整体性崩溃。"关于追求整个投资的多元化所导致的问题，如果我是对的，那就可以充分解释，当前的经济危机缘何变得如此严重、如此桀骜不驯了。这本书当然不只涉及区区这样一种谬见,但是,如果我关于多元化投资缺陷的判断正确,那么它所威胁的是整个建筑在多元化基础上的金融市场,因为作为根本性的市场基础,所有风险、资产和有价债券都以此为定价依据。我相信我的看法是正确的,所以毫不犹豫地和盘托出,尽管它略显武断,并且戏剧性地与我们一向熟悉的状况大相径庭,又很难说能有助于现状的改观。书籍就是用来表达思想的。当读者接触到强有力的新鲜见解,他们自会更支持有意义的、富于创造性的变革,而所有变革在一开始都会显得过于激进,令人难以理解和接受。那么,在这场金融危机中,到底是什么东西出了差错?许多人把它定义为次级信贷危机;但是这一标签完全贴错了地方,也是不公平的。危机的确萌生于次级信贷,但即使如此,一向贫穷的信贷客户也并未卷入肇事者的阵营。倒是一开始被生猛的银行刺激起来的房产市场兴隆和繁荣有点反常,他们为购房者过度贷款的行为显得居心叵测。如同所有银行所做的,他们首先靠过度贷款制造了繁荣的局面,接着又停止贷款,让市场垮掉。在过度向房屋拥有者放贷的同时,银行对那些抵押的有价债券重新包装,卖给他们上游的长期投资者,这使他们飞快地摆脱了自己的负债。银行并没有动机去让自己担保的那些抵押品有朝一日能够得到清偿。长期投资者,例如在养老基金和政府债券商投资的,都是受到投资银行、商业银行,特别是资产评估代理的愚弄,认为自己持有的是三 A 级债券,而实际上他们揣回家的那些抵押债券形同废纸。

然而故事并没有结束于次级信贷抵押这一处。我们还应当清楚,即便是初级抵押,其偿还违约率和抵押品无法赎回率都在戏剧性地不断升高,而银行在初级房产抵押业务上将会蒙受巨大的损失。国内房产繁荣期间最大的价格攀升出现在我们最富庶的城市和周边地区,因而他们会遭遇大幅度的价格滑坡。如纽约、旧金山、波士顿、迈阿密、洛杉矶、凤凰城以及圣地亚哥等,住在这些地方的人统统要看着自己的房产价格一路滑下去而无可奈何。最为重要的是,故事到了房产抵押灾难还没讲完。所有的商业银行借贷还要出现麻烦。首先,似乎国际信贷出现了问题,因为世界上许多国家,包括爱尔兰、西班牙、英格兰、新西兰、澳大利亚在内,它们也都陷于房产市场崩溃的困境。商业房地产信贷业务量统统下降,有些市场上,相关的代理处已经有 15%～20%处于门可罗雀的清冷,小型机构干脆关门,甚至懒得找人租用他们的店面。有些投机活动,如贷款给私人经营的公司、对冲基金行业和负债平衡债券的套购者,大多已经停止。而随着多种业务全面停滞下来,商业银行的损失之大难以计数。曾经红极一时、广为抢购的各种债券连同它们出笼的公司如今在人们的眼里形同垃圾。许多银行发行商业债券以及短期市场货币投资活动也处于水深火热之中,于是政府不得不动用联邦抵押担保出手救援。当货币疲软而失业率大增,人们的消费不再活跃如前。银行将发现,由于信用卡赊购、购车贷款、学业贷款以及抵押信贷等业务大大缩水,他们将蒙受巨大损失。表面上看,似乎所有的银行贷款活动都不甚理想,而实际上更糟。那些活动他们也搞得太过火了。过去 25年间,银行的负债平衡杠杆比率从 10∶1增加到 25∶1。现在他们没法不摊上大堆的坏账,而缓冲的余地又很小。哪怕只有三四个资产项目出了问题,从技术上讲,这些银行就要倒闭了。那么,银行落到这步田地,根本性的失误到底在哪里? 问题的一部分是,他们的管理从来没有为股票持有者考虑过, 持股人的最大利益没有成为他们经营的准则。甚至那些持股人自己也一时显得踊跃,试图用负债平衡的技巧获得股票收益的最大化,纷纷跳入了风险很大的混水。到了这一步,谁也没有考虑过,行情还会有变坏的可能。我真不明白,人们是否认为经济循环已经结束,我们将永远停留在繁荣的黄金时代,抑或是人们业已变得贪婪无度,全然忘记了投资风险管理的常识。我只知道一件事:那些证券公司和投资银行膨胀得十分了得。似乎公司变得够大,他们就可以挤掉竞争对手。有些经济体着实很成气候,只是庞大、笨拙,到头来很难管理。

　　想想看,一个每季聚首一次的董事会,对花旗集团那样庞大的公司每天在干什么,皆能了然于胸,那才是咄咄怪事。即便 12个董事会成员每天上班 10小时,他们也未必能控制住它遍布世界、疯狂运转的态势。在这个地球上,数百个国家和地区发行了成千上万种债券和金融产品,而花旗集团各种名目的经营业务只是其中的一部分而已。仅就花旗名下的实体,你就是花上 100年来做调研,也无法全部弄清它的运行机制和实际状况。因此我要指出,规模的庞大只能滋养笨重而难以掌控的机构,层层叠叠的系统越来越像政治机构而非灵活运行的商业实体，根本谈不上保护股民的利益、管理风险并且使收益最大化。大公司的确也意识到这一点，于是设置了风险管理部门和专门的管理者。结果，这些部门的首脑忽而发现他们根本用不着为什么风险操心，尽管他们就是干这个的。实际上风险在暗流涌动以至风云际会，到了他们根本无从追踪的程度。风险管理部门设置的首脑，其实是一些典型的资深人士，大多靠开发电脑软件起家。风险管理软件在金融行业中广为采用，人人都指望它们会及时发现和减少风险。尽管计算机能在棋类比赛中打败人类棋手，实际上它们的思维能力还远远不够复杂，尤其对分析和评估五花八门行业的风险而言，不夸张地说，这世界上形形色色的市场不下数百万，生产性的、商业性的以及金融性的市场星罗棋布，计算机哪能应付得了。可以举个简单的例子：一位新闻记者曾登门来访，他正对一种很普及的软件和计算机网站的效果感到大惑不解，于是想弄个明白，如此复杂的风险管理程序和软件何以对房地产市场的潜在危机全无察觉呢？而鄙人，只有区区一个笔记本电脑，竟然就成功地预料到这一切，而且老早就落笔成书，一写就是两本。

首先我问他，在他访问过的 6 个大型金融机构的风险管理部门主管之中，有多少人在 50 年房产价格攀升的盛况下看出 2003 ～ 2005 年左右可能会出现价格滑坡的？他干脆回答："一个没有。"

风险管理人员分内的职责，理应时常进行"假如……将会……"的假设，以及相关的敏感性测试，从而预估我们面临的变化会对公司的现金流和收益造成多大的影响。可惜尚无一个金融风险管理机构做了这种工作，起码考虑过这么一个最基本的问题：假如有朝一日房价下跌，会怎么样？

第二，我问这位记者，在他所做的上述 6 次采访中，有多少大型金融机构曾试图预测过：假如房价跌落，抵押赎回率将会发生何等变化？他的回答还是："没有。"在我看来，对整个危机而言，这是关键。很显然，尽管大多数风险管理软件和计算机程序麻木不仁，房价滑坡如此，未来在抵押赎回权取消率以及债务违约率上面必定会有严重的问题发生。原因在于，如果房产主在房产市场繁荣之际出现资金困难，他不会在抵押产业上违约，让银行把他价格正看好的房产收走，相反他会把房子放到市场上卖掉，利用丰厚的收益偿还自己的债款,这样他能留住投资的资产价值。相反,假如房产主处于房产价格下跌的境遇,负债/资产的比例又很高,那么再把房子拿到市场出卖就很不明智了,因为现在的卖价已经远远低于抵押的房产价格了。所以,他更可能干脆把房屋钥匙直接邮递给银行。如此这般,当房产价格下滑伊始,一个简单的计算机分析过程就可以显示:把抵押赎回权的驳回率调高 10%,将有助于扭转颓势,可以看到收益情况会发生什么变化。但是,基于我这里所做的简单分析,我又要问了:假如抵押品赎回权的驳回率上升到 500%,又会如何?事实证明我是对的,现在我们的国民正经历着大规模的抵押品赎回权的丧失。我以为,预见到这一点并非什么难事。偏偏计算机的风险控制系统不会这么想。

当然也不能说到处都是坏消息。及时发现危机成因的最大好处是:如果你是对的,那么解决问题的办法就昭然若揭了。在本书的最末,整章的重点是直接整顿金融市场的混乱并挽救滑坡经济的策略。它们直接关系到我们应该如何在政治上、经济上构建一个社会。从根本上解决问题才是明智的,因为危机来的过于迅猛和严重了。

以下就是本书各章谈及的主要问题。

首先,我罗列了那些谎言和谬论,我认为是这些诡计或者奇谈怪论把我们引入了乌烟瘴气的金融陷阱,也就是所说的危机。

在第一章,我要直接攻击华尔街散布的言论,他们把这场危机说成是政府过多干预的结果。他们乐意指出,房利美(Fannie Mae)和房地美(Freddie Mac)是造成这场危机的元凶,两者非但不是政府的一部分,实际上它们是彻头彻尾的私人营利性商业集团,而且是世界上最大的两个政府议案游说集团,这个房利美和房地美从不发行任何次级贷款债券。我想说明的是,为什么像银行这样长盛不衰的行业需要法律的管制,而且缺乏管制本身就会使它们的经营困难重重。我还要分析何以大多数游说者并非代表你我大众去工作。

在第二章,我会更细致地解释摆脱这场金融危机的最佳途径。我要揭露那种宣称金融危机主要起因于资产折现力危机的谎言。我还要攻击那种说昏话的人,他们说民众"缺乏理性又胆小怕事",以及"我们需要的是,让民众变得对市场更有信心"。政府的危机拯救行动,花的是纳税者的钱,而接受拯救的债权人却能摆脱财政负担,一身轻松地溜掉,这也是不对的。

在第三章,我要驳斥那些围绕适度投资策略的欺骗、误导和无稽之谈。我认为,假如人人都照着完全多元化的路子进行投资,很难避免出现严重的后果。我会解释,诸如"买入并长期持有",或者"低价买入—高价抛售"之类简单的投资策略表面上很有吸引力,实际上极不可靠。我还要揭露那些技术性的图表分析,它们实际上形同垃圾。

在第四章,我要攻击的是股票投资方面的谎言。其中最大的谎言是:长期而论,股票胜过公债。然后我关注活跃的股票基金以及它们的票面价格,看看对那些在市场中占据垄断地位、出售致瘾性产品的公司进行投资是否明智。我要论辩的是:高通胀是否由于利率较高而实际造成一般性股市的 P/E(资产 / 收益)率走低。我还要挑战一种所谓的设想,即:高技术股必然会带来较高的 P/E 率,因为它们增长的期望值较高。

在第五章,我会把批判的目光转向国债市场。我要从大多数有关国债的基本事实中挑出例外,所谓:固定股息国库券没有风险,利率是由联邦储蓄制定的,免税的地方债券对于纳税的个人来说是好的投资途径,或者:债券总体来说都属于好的投资,种种站不住脚的说法。

在第六章,我要考察其他投资市场。我要打消人们有关私人财产、风险资本以及对冲基金等方面的错觉。然后我要探查商品交易和黄金交易,还要看看在房地产行业进行投资是否合理。

第七章,我试图冲击一些出自经济学行家的谬论,比如说:"商业的周期和衰退都是必然和正常的。"依我看,这个国家过于强调经济增长了,那种认为减税会带来增长的说法从未得到过印证。更大的财富会带来更大的幸福的简单说法也需要探讨一二。

第八章,对金融领域开刀。我要问:一个公司,最适合的负债平衡比率究竟该是多少? 还有,那些首席执行官(或行政总裁)值那么多报酬吗? 我还要议论议论,企业兼并是否能创造价值? 还有,金融机构何以变得如此繁杂?

在第九章,我要谈谈全球化经济并且挑战那种最为基础的假设——国际贸易会让国家富强。我会让大家看到,丰饶的自然资源未必能使一个国家的发展更健康。我要质疑,经济联合体是否有足够的理由推动全球性的、对开放市场所提供商品和服务的依赖。就其经济规模和实力而言,中国和印度未必能有助于遏止全球的经济衰退。

第十章,我想纠正有关对冲基金行业和派生市场的谬见和误导。我最为关注的派生市场实际上是抵押信贷违约产物的交易市场,我要揭露它的实质——对冲基金并非是一种风险最小化的手段,而是通过投机手段在公司之间进行的交易,自己暗中发财却令整个经济系统的风险戏剧性地增加。我会解释清楚,为什么对冲基金实际上是超出市场常规的操作,以及,何以基金的基金根本就不是东西。我还要解释,为什么对冲基金和派生市场需要严格的管制。

在第十一章,我要抨击政府关于对市场加以管理的种种荒谬言论。行业可以自律的观念时时大行其道,尽管推崇者说得郑重其事,在我看来不免可笑。说什么,政府对行业严加管理会不利于经济增加和繁荣,我要痛击这种奇谈怪论。我就不明白,自由市场会由于放任自流而实现最有效运行,这是真的吗?

最后,在第十二章,我要议论的是,华尔街所需要的真正的改革。它实在需要彻底的改革,包括建立强有力的管制措施;而另一方面,我不放心的是,政府在这些领域中给予的管制过于薄弱,几乎起不了什么作用。政府本身呢,目前而言,反而受到经济体的制约,因此他们制定的法规条例对行业来说几同毛毛雨。另外,政府已经显露出自己对管理大多数企业和严格实施法规的无能为力。有些学院派人士出面争辩说,伟大的管理手段并不限制行业作为,只不过由于行业自己做得不好,乃至阻止了同业竞争,进而保护和保留了自己的垄断地位。

我们就此开始,在这个到处有人说谎的世界上来一番跋涉。不过,揭露谎言和明辨是非会让大家摆脱困境,更好地活下去。

第一章

关于这场危机成因的谎言

谎言 1：

进入危机时，美国经济在世界上是最强劲的和最有张力的。

这是过去 20 年间渗透美国民众认知的最荒诞的不实之词。它是华尔街就当前金融危机发布的系列无稽之谈中的核心内容，因为华尔街想让你相信，其实万事无恙，只不过有一个很有局限性的事故出现在那里，就是所谓的次级抵押信用市场的危机。

没有任何事物可以摆脱自身的真实状况。美国经济处于重压之下已经为时不短。当我们的 GDP（国民生产总值）和道琼斯指数反映出每年的经济增长均达到破纪录的水平，它所掩盖的真实和潜在的状况是，我们的经济在越陷越深的困境中运行。

在美国，GDP 一直被用以报告经济增长，这样做的理由不少，但大多与提高美国民众生活质量无关。

首先，GDP 的增长与人口增长密切相关。而人口增长的数量很多时候没有被予以充分的报告，因为其中包括数百万非法进入美国打工的外国人。

第二，美国在过去 10 年乃至 20 年的 GDP 增长大多由于此间不断增加的借贷数量。每位公民、每个大型商业体、每所银行以及我们的政府，大家的消费量统统膨胀起来，这也导致了 GDP 戏剧性的增长。可是这一消费量中的很大部分以及政府的开销，花的都是借来的钱。美国的债务总量算得上蔚为大观，仅在过去 10 年间，我们的欠债就从 250 亿美元增至 600 亿美元,这还不包括我们在社会保险、医疗、退休和保健计划等领域的短期公债。就公民个人而言,为了购置房产和全方位生活开支——汽车、游艇、度假等等,借贷消费的数量也极其可观。与此类似,政府花起钱来也是越来越肆意无度。美国政府开支在过去8年间的增长速度可算有史以来最快的。已经清晰可见的是,2000年每年财政赤字为2 500亿美元,到了2009年该赤字接近了1万亿美元。而且,政府的总赤字数量从5万亿美元到11万亿美元,翻了一倍之多。有些钱,大约2万亿美元,投用在从阿富汗到伊拉克的战场上了,但仅此并不能解释清楚,政府开销增长如此巨大的原因何在。第三,美国的GDP增长还有一个简单的解释:许多夫妇双双重新上班去工作了。GDP不仅由于那些工作人口创造的工资而连带增长,还因重新工作的母亲必须为代替她承担家务诸如看孩子做饭清扫房舍的雇工支付报酬而有所增长。其实原先这些妇女在家里承担着同样的一些劳动,只不过没有统计在GDP数据中而已。现在,表面上看来,GDP增长迅速,而实际上家庭妇女发生的变化——从不计入平衡预算表到进入平衡预算统计,也算是其中一个部分。

　　第四,有许多包括在GDP统计中的数据并不意味着美国公众的生活质量有了提高。例如,每年有超过5 000亿美元的资金用在治理污染方面,看上去既值得称赞又实属必要,只不过,假如没有经历我们史上因如许迅猛的工业发展带动GDP也如许迅猛的增长,我们也不会面对那么多的污染。我们制造污染的同时并没有衡量它会带来多少负面成本,因此,我们现在只能被迫承认,清理污染的费用也对GDP增长作出了贡献。简直是岂有此理。与此类似的是,美国花掉万亿巨款进行国防建设。我们可以辩论一下,这么高额的国防费用中,究竟有多少钱使我们感到了少许增添的安全感,有多少钱保障了我们可以无忧无虑地生活? 只有一点可以肯定:制造炸弹不是什么有经济效益的生产性活动,炸弹只能夷平建筑群、捣毁桥梁、破坏飞机场,炸过之后还需花钱,重新修造那些设施。依此循环逻辑推理的结果是,它们极大程度上对我们的GDP增长作出了正面的贡献,显然,这样的GDP何等夸张和荒唐。

　　因此,从GDP的角度看,美国并不如你想象得那么成就斐然。如今美国依旧背负着为数惊人的年度赤字。很简单,它说明我们每年的出口量远远不如进口量那么大。经济学家告诉我们,这种态势不可能永远持续下去,可是在美国,它的存在为时久矣。

美国公民之间存在的不公平现象在过去 10 年也有增无减。全球化运行涉及的更高端技术和更小的参与群体,也是造成美国人收入差异日趋加大的主要因素。异军突起的技术无疑会刺激一些职业的报酬超乎常态地飙升,同时也会消灭掉一些低工资、低技能的工种。各地代表普通劳工利益的工会存在率从 20 世纪 50 年代末的 35%一路下降到今日的 9%。全球化已经把一些美国人放到这样一种竞争环境中:他们要与那些每小时只挣一美元的劳工竞争——那些低收入国家如越南和墨西哥的工人,而另外一些美国人从廉价进口商品上赚取利润,或者通过自己在公司里占有的股份从廉价劳动力身上赚钱。最终,美国如是,全球亦如是。过去 30 年间,美国的自由企业体系已经成功地输出到世界上许多国家,可是到处的运行状况如何呢,完全水土不服。世界各处都有经济危机出现:日本在 1993 年房地产崩溃;墨西哥 1994 年发生比索暴跌;亚洲金融风暴,泰国于 1998 年出现金融风暴;俄罗斯 1999 年又有了债务违约事件。这些危机中每一件都试图告诫我们,把自由市场的资本主义体系运用在这个世界上,结果全然不对头。每次危机发出的警告信号都被我们忽视了,直到危机一路找上门来,蓄积成如此之大的规模,爆发在美国,返回头又把全世界拖向衰退。

谎言 2:

这场危机只不过是简单的次贷问题,没人能预见到的。

当前这场金融危机,一直有人争辩说,它仅仅是住房抵押市场中一个狭小的业务领域——所谓次级抵押贷款部分——出了问题,或者说是危机。这种说法是全然不对的。不错,危机的确起始于次级住房抵押市场,但它决不止于此。大多数人相信,次级信贷意味着贷款给了那些拥有不良信誉底案的房产抵押人。其实,事情未必如此。财政信誉不佳的人们从前得到的财政支持远比在最近的房产市场繁盛高峰期得到的更多，但是反过来，你也可以发现，一个财政信誉良好的公民也会在此期间成为次级信贷的借贷者，假如把他的钱铺张地花在过多的名目上。次级信贷只不过意味着借贷者要赔付较高的利率，其典型的利率，比通常贷款利率高出3%。借贷者这么做或许由于自身背负着不良信誉纪录；但也有可能，他希望借此使他购房的首付款达到最小化；由于次级信贷的数量要以他的收入报告为评定基础，为了使可能借到的贷款数量最大化，他有可能在贷款申请表上干脆填写：没有收入；或者为了逃避个人抵押保险缴税而这么干。次级信贷危机在最近的大衰退中首次爆发的原因是，大量的此类贷款债务被另行包装，转而卖给了CDO市场（CDO代表"以负债作抵押的债务"）。很简单，你可以把一批信誉不良的次级信贷抵押银行存折——垃圾存折径直放到一家CDO公司去，因为，假如有违约情况发生，CDO同意收取的初始信贷份额是最低的，而CDO有价债券的前2／3～3／4部分都属于赢得三A级的。这真可谓炼金术最后的实验，他们把垃圾存折的坏账量值转变为三A级有价债券。这其中可图的利益大了去了。许多人认为，抵押贷款经纪人、银行家、估价代理以及产权调查公司在房产购买过程中收取费用而发了大财。真可谓见树不见林。当你把一笔价值50万的次级信贷抵押项目转换成三A级的CDO债券，你就会奇迹般地创造出超过5万美元的收益，你可以用它飞快地偿清自己的负债和利息。原因是，三A级债券不必如次级抵押贷款那样对投资者予以那么多的回馈。因此次级抵押贷款8%的收益率可以被上游重新定价，从而使自以为买入的是三A级债券的投资者，尽管收益相对较少，但自然会把它看作是与高等级债券相联系的典型产品。前后两种债券价值的差异可谓实实在在，统统被贷款经纪人和出卖CDO负债债券的银行家收入囊中。

当然，这种炼金术是彻头彻尾的骗术。你不可以把银行存折上的不良账目变成三A级有价债券。另外还有，一旦这种骗术被投资者识破，许多CDO有价债券交易就会完蛋，因为它相当于用几美分与对方的一美元进行交易。这就是银行业和信贷业危机的开始。

但是房地产和抵押市场危机并不仅限于次级抵押信贷市场。所有的房产价格都在全美市场极盛时期大规模地攀升上去,结果是,那些最富裕的街区和最富裕的城市中,房价涨得最高。当次级信贷借贷者首当其冲,即将沦为贷款偿还违约者的时候,这当然还不是最后的窘境。你可以通过在洛杉矶、旧金山或者圣地亚哥等地的行政区域图上直接看出,房价戏剧性下滑35%~40%的状况首先出现在不太富裕的城市边缘地区——如洛杉矶的河畔区、圣地亚哥的维斯塔地区以及旧金山的斯托克顿区。较富裕街区的房价下滑当时并不是十分显著。由于房产价格下跌而使抵押赎回权被驳回的状况大多发生在城市外围的郊区,有时甚至是在距城市60英里之外的地方。可是,美国大城市中,繁华地带的贷款购房者,一旦看到房价严重下跌而且抵押品赎回权驳回率显著上升,他们也会遭殃。原因相当明显。圣地亚哥沿海富裕地区的居民不可能继续偿付他为数200万美元的抵押贷款,尤其是当他看到对面街区与他的房产类似的房价,在市场上标价只有100万美元的时候。即便是富人,也会选择对其房产抵押贷款终止偿还了事。这并不是说他们手里快没钱了,而是他们拒绝继续把大钱投放在不良资产上面。这就意味着房产危机本身以及抵押贷款业和信用行业的灾难还远远不能结束。在洛杉矶、圣摩尼卡、圣巴巴拉以及曼哈顿等地的富裕地段,这一切才刚刚为人们所感知。但最终他们都不能幸免。造成房产市场崩溃的原因其实是先前房产市场的异常鼎盛,而房产市场鼎盛的原因是人们把太多的钱铺张地投放在购置富裕地区的昂贵房产上面了。当整个国家见到房产价格在过去20年里涨了一倍(接近先前价格的两倍),繁华的大城市如拉斯维加斯、凤凰城、旧金山、洛杉矶、纽约、波士顿和迈阿密等地居民看到自己的房价升值幅度从300%到了600%。正所谓,有上坡就有下坡。

谎言3:

政府坚持借贷给没能力买房的穷人,造成了这场危机。

这是对当前危机的更为荒诞的一种解释。如果你还记得,20世纪90

年代,政府的公开预算为赤字,并且全面失控,保守派就曾试图把罪责推到靠福利救济单身母亲们身上。让穷人背黑锅,早就是过时的"故技"了。在今日的美国,要说穷人有足够的能力为我们制造大麻烦,可谓天大的笑话。美国的实力蛰伏在富裕公民的家里以及最大的法人公司里。穷人与驾驭这个国家运行的主宰毫不相干。在最近的选举中,保守派还试图指责橡果国际和其他为穷人策划、使其免受信贷业掠夺资产的社区顾问团体。这些保守派人士甚至从未好好查看过橡果国际的违约纪录,他们空口无凭地定论说,橡果国际让穷人住进了他们根本买不起的房屋里,于是就有了今天的危机。橡果国际全部的抵押贷款数额只有区区 50 亿美元,何以带来近日世界范围内涉及 50 万亿美元的金融危机,没有人做出解释。穷人购买自己无力负担的房产造成金融危机的说法源于人们对次级抵押贷款业务的误解。大多数成问题的次级抵押贷款都出现在佛罗里达和加利福尼亚州,而且其中多数属于中等收入家庭甚至中上等收入家庭铺张购置 40 万乃至 100 万美元以上房产的情况。穷人绝对不敢奢望去买那样昂贵的房产,即便在填写抵押贷款申请时故意欺瞒,也还是不可能办到的。保守派还把指责的矛头指向社区再投资计划(CRA),再次试图让事情看起来似乎是国会把住房推给了买不起房的穷人。CRA 做出的说明是:如果他们能从贫困社区收取保证金,那么,给那些社区贷款,有何不可?需要再次强调的是,过去 15 年来,房产价格飙升的峰值出现在我们最繁华的大城市。我敢肯定地说,几乎没有多少 CRA 性质的抵押贷款业务延伸到拉荷亚、加利福尼亚、比佛利山或迈阿密海滩、佛罗里达。

房屋所有权在过去 15 年间并没有增加。也的确有许多新的房产主最后以逃避抵押贷款义务收场。然而那些对抵押贷款义务违约的新房产主在全美所有的抵押品赎回权丧失案例中所占的比例非常小。不,实际上贷款债务违约和丧失赎回权的情况大多都出现在美国的中产阶级和高收入阶层。穷人,一如既往,首当其冲地被这种事排除在外,又首当其冲地处在金融危机的重压下。正如此次事件,最早逃避债务的有他们,但绝不是后无来者。

谎言 4:

是政府,通过政府主办的产业,房利美和房地美,造成了危机。

　　许多华尔街的代言人以及保守派人士都曾竭力分辩说,房地产市场崩盘和抵押行业危机,主要应当归罪于政府主办的实体,房利美和房地美。我在 2003 年出版的《即将到来的房地产大崩溃》一书中,曾揭露房利美和房地美从事大比例负债经营和不良资产机构间的投机运作。

　　房利美和房地美一向从事糟糕的生意。但重要的是要记住,他们并不是政府的一部分;他们是私人拥有的公司,也是私人经营的生意。他们追逐利润,与任何其他金融机构并无二致。他们动员自己的执行官、经理和雇员,所用的方法与任何私营企业所用的路数也没有多大区别,无外乎发些奖金,分配点红利。

　　尽管房利美此一时期的经营纪录并非无可挑剔,然而,制造出当下这么严重的事态,却不能说是它的杰作。房利美和房地美的调节机制出了问题,不得不变卖资产,而不是从中获利,这种窘境出现于 2003 年到 2005 年——其间,房产价格正在疯狂飙升。房利美和房地美在这场危机最坏的阶段恰巧处于大厦将倾的边缘。导致这场危机的,是世界各地的私人金融机构通过 CDO 运作使次级抵押品转换为债券的投机行为。最终,房利美和房地美自家也在派生市场上借了一些次级贷款,但他们并不是次级贷款的发行者。事实上,就定义而言,当房利美或房地美获得认证,可以发行某种债券的时候,它所发行的并非次级债券。原因是,房利美和房地美包装的抵押资产中,绝大部分都是由他们担保的。

　　保守派指责房利美和房地美,是找错了怪罪的对象,是由于他们相信政府,通过它的管制,正在指导房利美和房地美对不合格的借贷者贷款,进而使房产拥有者的数量增长。而他们全然不知,实际上政府对房利美和房地美根本未置一辞。房利美和房地美在近期历史上是对国会议案进行游说的两大团伙,也是竞选捐资商——过去 10 年他们用在捐助竞选上的金钱就超过 1.5 亿美元,这还不算用于游说的贿赂资金。国会和联邦房地产企业监管办公室(OFHEO),即被认为是对房利美和房地美进行管制的实体,完全遵循房利美和房地美指点的路子前进,并无些微的迂回。我以为,关于增加房产拥有者数量的所有辩论全无意义,只不过是为使房地美和房利美逃避管制而做出的一点姿态而已。作为私人公司,房利美和房地美出钱上亿美元给他们的意旨执行人,就是要确保国会出台的任何可以成功管制他们的立法议案一律不得通过。在这方面,房利美和房地美与其他大型私营金融企业不分轩轾。妄下结论地说政府在控制他们,或者说他们是政府的一部分,显然是由于对他们近期的行为史缺乏了解。实际上,房利美和房地美一直活跃在指导政府按照他们意愿行事的游说大军之中。

谎言 5:
问题局限于信贷抵押市场。

自危机开始,华尔街上许多经营性公司都首先试图辩解说,这场危机仅限于次级抵押贷款业务,但这种说法一度被证明是错的,因为那仅仅是抵押贷款市场自己的问题。这种辩解对他们至关重要,因为他们并不希望整个资本主义体系被发现出了毛病,而宁愿把故障限制在单纯的抵押信贷领域,当大市场可以被解释为执行机制出错而不是资本主义理论根本性的缺陷。

不幸的是,情况并非如此。的确,次级抵押市场危机的爆发在先,而优级抵押贷款行业也紧随其后出了问题。但据此说这完全是抵押市场的缺陷,就等于忽略了潜伏在严重危机之下的真正肇因。首先,长久以来,银行允许了他们在全世界的相关行业中负债衡平操作的戏剧性爆增。经典意义上的银行是不能允许自己的负债杠杆衡平率超过他们资产净值的 10 ~ 12 倍。通过伪造账目和资产负债衡平清单外的操作,美国许多银行资产的负债杠杆倍数已经超过了 20 ~ 25 倍。我们后来知道,欧洲银行运行的负债竟也超过他们资产净值的 35 倍。这样的资产结构出现在金融保险业内，那么很小的问题都会被很快放大到爆发危机的程度。问题是，30:1 负杠杆比率，会让一个银行面临这样的危境：只需其资产的 3.5% 出了麻烦，它的偿付能力就会受到威胁。失去偿付能力、面临破产、压缩贷款业务的银行状况，不仅会引起金融危机，还是全面经济衰退的导火索。

系统内的负债经营现象不仅限于商业银行。如同我们先前提到过的，布什总统任期内的政府也把资产负债从 5 万亿美元提高到 11 万亿美元，这还没有算上 30 万亿用于医疗和社会保险支出而增加的债务。另外，大型公司在过去 10 年间亲眼目睹自己的债务从 7 万亿美元一路增长，直至超过了 13 万亿美元。除了大型经营企业和我们的政府，全美公民在过去 10 年借贷消费的比例也戏剧性增加了。信用卡超支或借贷已经增加了百分之百，数量超过 2 万亿美元，而此间，抵押贷款业务量也成倍增长，从 6 万亿美元直升至 12 万亿美元。抵押贷款业务也不再仅限于针对购房者；现在的抵押贷款运用之普及，如同自动取款机从房产中提出现金，然后随人所愿，把它们花在购买汽车、休闲度假甚至购置第二处房产上面。借贷消费，这种负债经营方式的戏剧性增长，意味着整个经济系统处于极为不稳定的状态。负债经营本身就增高危险系数。想想你自家的经历。如果你每年能赚来 5 万美元，就能生活得很舒服了；可是，假若你每年赚来的钱还是 5 万美元，却有 100 万美元的房产抵押债务，你的状况就比较危险了。你的收入稍有下降都会使你的资产状况失衡。

系统内过度使用负债杠杆经营的第二个问题是，所有这些负债和借款最终都需要偿还回去的。在市场繁荣时期，如果借贷持续增加，那么负债资产会夸张地攀升到系统无法支撑乃至开始回落或衰退的基地。当经济衰退已成定局，负债杠杆下落，而贷款又必须偿还。因而，消费者不再借贷大量资金随意消费，消费量大减，现有的贷款债务又必须偿还。想象一下，一个国家在过去 10 年间负债从 25 万亿美元增长到 60 万亿美元；现在又必须在减少负债比例的同时警戒它的借贷量的下滑——从 60 万亿美元减少到较为合理的 30 万亿或 40 万亿美元，这两种境况下的经济增长是否能够相同。假如你没有因新的借贷而发生 30 万亿美元的消费增长，你就不会有 20万亿美元因消费而产生的资金用于偿还债务。如果美国在未来5～7年即将损失掉 50万亿美元的消费量,结果将是灾难性的。这说明我们正陷入其中的衰退会持续很久, 而 GDP 将显示出超过 10% 的下滑,就在可预见的未来。我们将会看到,在系统中过多采用负债经营不仅很成问题,而且是当前经济危机的主要成因。稍后我们将探讨这样一些题目:公共事务透明的重要性、欺诈性活动的恶果、代理机构的主要问题、公司的游说行为、市场管制的缺失,以及公司和银行变得过于庞大以至于协同运作的失灵。这些方面的问题都对当前的金融危机负有主要责任。

谎言 6:

这是一个随机事件,就像百年一遇的洪水那样,每过 50 年到 100 年自然出现在市场之上,根本不可避免。

艾伦·格林斯潘曾试图争辩说, 这场金融危机完全是预料之外的事情,根本不可能给予预报——就像百年一遇的洪水,纯属随机事件。格林斯潘职务上是政府在金融事务上的代言人, 实际上他是在为整个自由市场群落说话的,他认为自由市场是不应予以管制或干预的。他是艾恩·兰德哲学的信奉者和鼓吹者,兰德的思辨逻辑是:(对市场的)施加管制只会妨碍人类实业中独立精神的发挥;完全自由的市场正是这种独立精神的最好体现。

首先,对本次危机的可预见性,我本人就是一个活的见证。因为我在2003年和 2006年出版的关于房产业问题的书中就提出了这样的预言。你大可以争辩,就像某位读者在亚马逊图书网站上留言所说的,我的所谓预测只不过是幸运地碰巧猜中了这一切。不过,这一预告如此确切无误,不能不让我感到自己是地球上最幸运的人。我不仅预告房产价格即将下跌,还预计到:最大的价格滑坡将会出现在佛罗里达和加利福尼亚,以及,当个别沿海城市房价下跌超过 55% 的时候,全美范围就会看到房价 25% 的跌幅。我解释说,抵押市场会陷入危机,以及,那是由于大多数银行资产都集中投放在房地产市场上、银行自身受到破产的威胁。我预计,私人抵押保险市场将全线崩溃,而所有这些,都如期出现了。我估计,房利美和房地美不大可能从这场危机中再爬起来了。在我的第一本有关房产的书中,我曾指出,这场危机将是全国范围的,这一点有违一条古老的成规,即:房地产市场的问题只能是地区性的;在我第二本书中,我又指出,危机将在世界范围发生,现在又证明我说得没错。具有讽刺意味的是,房利美和房地美破产后,亚马逊网上那位抨击我的预言是碰运气的评论者再次上网发表议论,这回他承认,我的预测说对了——不过他依然认为,这其中,幸运成分大于智慧成分。

不,这场危机绝不是随机事件,或者说偶然发生的。危机本身并不涉及普通的商业领域。实际上存在着真实的诱因,即:金融领域基础性和结构性的缺陷。我们的政府、我们的金融市场、我们最大的金融机构以及我们最大的股份公司都进入了一个腐败的经营环境, 共同对美国的消费大众加以掠夺。整个抵押信贷行业和华尔街本身都已腐败,而且,他们通过竞选捐资和游说贿赂,也使我们的政府变得腐败。房地产代理商诱使人们进驻他们根本无力购买的大房产, 价格评估事务所提供的数据常常与真实情况相差甚远,只要代理费用能赚到手就行。抵押信贷经纪人在贷款人申请资格上肆意删改、弄虚作假,以便抵押交易可以完成。商业银行对存款账户的坏账加以包装,在资产等级评定机构(它们也是这一连串罪恶勾当中的同谋)的协助下,使之成为所谓的三 A 级有价债券。那些有价债券的购买者,世界上最大的养老基金会、政府机构、国际银行、国有债权基金组织,等等,即便原先并不腐败,至少也是疏忽大意的。他们信赖三 A 级评定结论,尽管也清楚那些评级代理拿的是债券发行商而不是投资者的钱,因而在交易前并不费心对那些债权人的信誉多加思量。这一整套欺诈伎俩,假如没有我们政府的共谋,恐怕也难以成事。然而他们对自己的分量并不轻看。过去 15 年间,支持国会议员和总统的最大的竞选赞助商,一直是美国全国不动产协会、摩根银行联盟、美国银行联盟(代表商业银行)、对冲基金公司、华尔街的投资银行,以及,房利美和房地美。我们的国会是在金钱的指挥下选择立场的——在关键时刻回避,或是睁一眼闭一眼。之所以给他们钱,不是让他们强化既有的法律法规,也不是去通过新的立法议案,而是去解除管制法令,取消原先有案可查的规定,允许我们的金融机构可以为所欲为。你会发现,令人大惑不解的是,这一切的结果是我们的金融机构反而吃了大亏。这又是何道理呢?我会在后面的章节里加以解释。至于现在,先要认识到的是,正是这些金融机构以及它们的执行官,在房产市场和抵押市场繁荣的当口,赚取了数千亿美元的利润和管理费,因此他们情愿冒着承受一定损失的风险,让这盘棋接着走下去。

不,这当然不是随机事件,这完全是预先策划的、直接对美国的消费者和纳税人发起的攻击。美国人如今丧失了职业、丧失了住房、自家承担着巨大的经济压力,全拜华尔街、我们最大的金融机构和我们最大的集团公司的上述勾当所赐。用钱买通政府代表作为同谋,这件事,不应完全归咎于政府。这些行业可谓拥有最大限度的自由了。在下一部分,我们将要强调的是,全然不受管制的自由系统就是如此不成体统,消除管制绝不是一个好主意。

谎言 7:
在没有管制和没有政府干预的情况下,自由市场资本主义会运行得最好。

自从里根总统上任办公,有一种观点在紧锣密鼓的拥护声中被采纳,而且实施了 30 年,即:在完全没有管制和干预的情况下,资本主义和自由市场能运转到最佳状态。拥护自由市场的经济学家对政府的管制曾评论说:那无外乎是对完美的自然运行的自由市场施加的无端干涉。他们把自由市场看成是某种超凡脱俗的、拥有神奇的平衡能力的、可以惠及所有人的实体,一旦看到任何外来的干预,特别是来自政府的管制,他们的感受如同一幅精美的图画被破坏了一样。

真正的研究经济的学者会理解,没有法律制约的自由市场是不存在的。你可以看看世界上的一些国家,那些既拥有资本主义经济制度,同时又有强大的依法管理机制，以及典型的民主政府的国家，各方面都会成就斐然。问题不在于自由的人们才热爱民主和自由的市场，而是，没有法制管理，自由市场就无法长存。法律、法规和管制恰恰是资本主义得以生存所必需的条件。没有保护私有产权的法律，你就不可能拥有自由市场的经济体制。合同需要有效地执行，欺诈性的商业行为需要被遏制，这些都属于政府应有的职能，而私人经济靠它们自己是做不到的。

因此，对自由市场完全撤除管制的说法是毫无道理的，根本不能自圆其说。它是自相矛盾、不合乎逻辑的。没有依法管理，你就不可能有自由的市场空间。当然，世界上有些国家，比如秘鲁和印度，那里的管制过于繁多。如果管制造成了如此繁杂的官僚行政手续和费用，乃至企业家很难开创自己的新产业，那么那种管制确实可以被认为是大而无当的，而且还会妨碍经济发展。

但是我们美国当今的状况与之正好相反。我们有自由的企业制度，开创实业不仅不受管制，而且他们大可以自己随意书写律条，利用竞选捐资和游说活动达到自己对华盛顿国会议员的控制，使符合自己利益的立法议案得到通过。当烟草公司被强制接受新的管制以限制其利用广告推销它们能要人命的产品，飞利浦·莫里斯就是靠自己的法律事务所为国会代写立法条文了事的。华尔街上的对冲基金公司都是对国会使钱的捐款大户，今天它们依旧保持着不受管制也无需报告的自由之身。2004年，商业银行，另外一个国会的捐款大户，获准增加自己的经营负债比例，资本衡平的倍数从 10 倍以至涨到 40 倍（于他们的资产基数）。

我们习惯于争辩说，只要是对通用汽车公司有好处的，就会对美国有好处。在全球化的崭新的世界上，这种说法不再能服众。通用汽车公司把汽车卖给美国人，但是它雇用墨西哥和印度的工人来制造那些汽车。既然大公司付给工人的工资是它们收益申报表上唯一的大项开支，他们才不费心琢磨如何提高普通美国人的生活质量。相反，他们琢磨的是如何设法清除最低工资规定条款，如何逃避环境保护制约，如何削减工会的权利以及如何降低普通民众的工资和福利水平——所有这一切都会使他们增加利润，假如该公司没有从事创新和业务扩展的话。

谎言 8：

大公司就跟人一样，只不过更为理性罢了。

许多经济学家争论说，大公司的行为方式与人类的相似，可以被认为是自由市场上理性的参与者。事实上，大公司可能运作得比人类工作更显得理性，假如你把"理性"这个词按照经济学家们的理解加以定义的话。理由是，法院已经发现，公司只有一个目标，就是让他们的股东所得利润最大化。它们对在此之外的任何其他事物都不关心，许多公司甚至甩掉了参与慈善活动或社区援助活动的计划。

但是在最近的金融危机中，我们见到大公司的行为跟理性毫不沾边。他们忙着把自己的实体公司投入风险之中，以求尽速赚取利润。我们又怎么解释这一切呢？一种解释就是，这些公司只不过对自己面临的风险不以为然。而我发现这种说法难以置信，因为，在 2003 年，房地产问题尚未明朗化，我揭示了潜伏在房产和抵押市场的系统危机，实际上它已经严重到足以搞垮整个行业系统了。我很难想象，那些聪明透顶的企业执行官会如此忽视他们所冒的风险。

我们之所以不能信任大公司能在金融系统的运作中表现出高超的理性，是因为并非大公司自身在经营，它们实际上被股东和管理者操纵着。你不能指望它们的股东，与公司实体一样，怀有同样的使利润最大化和风险最小化的目标。在本书后面的章节中我们就会看到，我在观察相关的基金管理者的操作状态时发现，事情并不尽然，而且，股东们也是各怀心腹事，动机五花八门。

大公司分散在世界各地的董事会中，那些股东们在竭力保障自己在公司中的利益时，煞费苦心，步步维艰，足见他们在公司经营方向的定夺上具有很不正当的影响。响应当前的危机，他们推出的一个非常主要的建议是：董事会的大佬们应当被授予实权，凌驾于管理部门之上，还要绝对独立，作为所有持股人的代表直接发布指令，而不要受现有的管理机构的羁绊。

公司管理层与股东们的两权分立，是金融机构中出现的主要问题的经典例证。股东的钱财，为了收获利润，是要首当其冲承受风险的，而管理层里都是花钱聘来的雇员，他们的工作是操作公司的运行，并尽可能地使运行效益最大化。总裁要十分谨慎地给管理层布局，还要操心给雇员最合适的报酬，以便确保他们的工作动机能十分贴合股东们的意愿。如果管理人员获得主要报酬仅仅来自有数的工资，他们不大会有十足的热情去冒险或者为公司谋取利润。假如一个机构设置有管理人员的盈利分红机制，那么还是有风险，因为大量的分红可能被错用在了不知是否真正有效的雇员工作中。公司内部提供的特选股票作为一种激励管理层员工热情的鼓动手段，更是为了让员工与股东的意愿尽可能达成一致而设计的。例如，让雇员的分红与公司未来的股票价格的涨落挂钩。可是作为刺激手段的特选股票本身也存在问题。获得特选股票的雇员自身在公司里并没有投资，因此他们才不在乎股票价格是涨是跌。这就导致他们有可能采取过于冒险的操作，假如该操作是正确的，他们会得到戏剧性增长的红利；假如操作失误，他们大可以一走了之，不会有什么损失，而最大的恶果由股民们吞下去就是了。未来给管理者付报酬，应当用有限股票而不是特选股票，而且应当要求管理人员针对任何给他份额的股票支付一笔押金，那么，一旦公司股票下跌，雇员所分红利跟股民的收入一样会随之减少。部门奖励小金库的概念很可能应当被取消，因为一旦公司经营亏损或者破产，对特殊部门的管理人员予以奖励是毫无实际意义的。部门操作运行的好坏是由先前每年的金钱奖励决定的，而且应当以未来才能兑现的特许股票份额，而不是现金，作为奖励形式。管理者从每年的公司盈利中抽取自己的份额。管理人员从每年的营业利润里抽取一定比例的现金以兹奖励，这是一种建立在短期运行基础上的设计，这与股民们的情况大有区别，因为他们的股票价格是由公司长期经营后的兴衰决定的。

谎言 9：

投资银行、商业银行、评级机构和中间商因代表你的利益而收取报酬。

美国个体投资者在此次危机中面临的进退维谷的局面，皆因大难当头，谁也不能幸免。长久以来，他们都遵循传统做法，雇用股票经纪人、金融顾问、投资顾问、资产抵押经纪人以及房地产代理机构为他们提供专业咨询和指导，但是，真实的状况越来越明朗，这些顾问和代理人没有一个会把客户的利益放在心上。

以前我们一直生活在一个单纯的世界里，我们的代理人收取我们的酬金，然后为我们提供很好的金融服务，只要你不亏待他们，他们也不会有负于你。可惜当今的世道已不再单纯如故。

想想看，房地产代理，只有在客户最终买了房子以后才能得到相应的代理费用。假如有无数的相关机构都在觊觎着买房者的动向，那就意味着仅有一家房产代理机构——那个成功使客户购买了房产的机构——能够得到服务费。这说明，买房者的房地产代理机构的工作动机并不是尽力为客户完成最合算的交易，而是竭力劝他们掏出比情愿的更多的钱来交易——在许多情况下，他们付出的房款远远高于房产本身应有的价钱。这就是房产代理收取服务费的实情：代表交易成功的一方，让它的客户高价成交房产。

华尔街上，情况也没有大的不同。过去，投资银行代表很大的经济联合体，在他们的机构发行新股票、卖出债券或者变卖公司资产的时候，投资银行都会代行经营。这件事情现在也变了样儿。今日华尔街的主要利润来自贸易公司，这些利润的大部分则来自主要的经营机构，对这些机构，投资银行不再扮演代理的角色，但是它出于自己的牟利打算，还会在资产和债券经营圈内占有一席之地。这是一个戏剧性的变化。现在，假如一个投资银行找上你，即便你原本就是它的大型公司或投资客户，也会对你提供一些公司的股票用以销售，但是那不再意味着投资银行确信它是有利可图的投资。相反,投资银行很可能站在交易另一方的立场上,作为他们主要的投资代理或者交易代理,尽可能地帮他们解除资产压力。当投资银行决定涉入这种关键的经营活动,他们对于公司和投资者就不再是有效的代理了。他们不仅把最好的投资项目留给自己,还要竭力推掉其他不良投资造成的负担。在这方面,华尔街一向如此行事。甚至在重大投资发生之前,就会有小型的自然产生的本金成分存在于投资银行的运营之中。华尔街典型的股票交易是,要有一个卖家出售价值面 20 万美元的普通股,还要有一个买家能购买价值 10 万美元的股票, 华尔街证券公司要把那额外的 10 万美元股票放到自家的交易台上去。次日清晨,他们会召开一个电话会议,通知他们在世界各地的经纪人,把这些数以十万计的股票推销给投资银行的客户。本质上他们是在卸掉一笔自己不想要的资产。当然,他们会对这种销售加以伪装,让他们的策划部门和经纪人对外宣传这种投资的质量,但是在热闹的推销活动背后,他们真正在做的是,把自己资产衡平表上的负担卸掉。

资产评定机构史上属于活跃在大多数普通交易中的小中间商。大型投资公司和商业银行发现,在大规模发行股票的时候,付给他们 1 000 万而不是 20 万美元,他们就会使资产评级机构活动心眼,让他们在自己资产的评级上高抬贵手。一旦资产评级机构涉入将所谓银行坏账债券评定为三 A 级有价债券的勾当,他们获得的利润会爆炸性地增长。他们从投资银行和商业银行赚取的费用会直追 10 亿美元的量级。当然,他们的独立评审是选择性的。令人诧异的是,他们的投资客户从未预先发现其中的问题,等到那些资产评级机构被提交评定申请的债券发行方买通,一切都太晚了。

如今许多人都是通过电视上的相关节目获得投资常识的。有一些办得很成功的电视节目试图给观众提供投资建议。不过,这些言听计从的观众是否知道,电视台本身的存在就是建立在商业广告基础之上的? 而且他们的任务就是最终能让那些商业广告发布者满意? 一个靠广告支撑的电视栏目,总体而言,不大可能对股票市场过于生硬地较真,而且肯定不会对一些公司的严重问题予以曝光,例如:公司对政府的滥施游说的问题。

根据我的经历,我有发言权;每当我谈论这些电视节目,并开始提起公司游说行为的时候,立刻,谈话的主题就会被转换。

我们在后面的章节会看到,投资过程的中间人,如同共同基金顾问,都是不堪信任的。他们或许对与他们同行相关的比较性操作更感兴趣,而不是从你那里赚取有限的报酬。他们的内线操作保障了他们的资金可以在将来升值,只是跟你的金融投资操作全无关系。我相信,我们正生活在一个所有中间人皆不可信的新世界。假如这个结论是正确的,无疑对我们每一个人管理我们财产和投资的思路是个冲击。在后面的章节里,我们要着重探讨慎重变换投资形式的问题。

谎言 10:

资本主义在所有行业都同样行之有效。

资本主义的拥护者很希望看到这样一种现实,即:资本主义在所有行业都同样行之有效,因为它鼓励个体和经济联合体追求利润最大化和产业的发达,进而达到社会的繁荣。

具有讽刺意味的现状是,金融市场已经垮塌,似乎反证了所有的资本主义理论的失败。对资本主义的批判曾利用近期的金融危机来证明整个资本主义制度是失败的,并且应当对所有行业加以改造,或者说,资本主义体系本身必须消亡。

然而,假如我们可以显示,金融市场与华尔街在某些方面具有非同一般的特点,与其他行业皆有不同;华尔街是一个纯粹没有管制的资本主义在银行系统运转不灵的样本,于是我们或许可以着手拯救其他行业,使之不至于放弃成功的资本主义经营方式。银行业一方面具有独一无二的特点。它与长周期的资产和债务打交道。这些资产,比如房屋和商业公司,都可以持续存在百年之久,而以它们作抵押,也至少可以持续 30～40 年有效。这种有生期限就远远超出了许多银行机构中工作的高级管理者的工作年限。

　　这就意味着，这些机构的管理者可能做出的许多愚蠢的事情会对长远的经营收益产生不良影响。例如，一位银行执行官大可以怂恿他的机构从事高利润的次级抵押贷款业务，因为他心里清楚，这种贷款在未来的几年内暂时还不会有客户违约偿付的情况出现。

　　资本主义，当然不能保障市场上没有居心不良的管理者这种个案的出现。可是，资本主义自由市场的概念是：这种市场参与者将会受到市场机制本身的惩罚，连带他们的公司，都不能获得远期利润。

　　问题是，长周期的资产行业，如银行业，对它们的惩罚过于遥遥无期。想象这样一个例子：你在市里拥有一家多纳圈店铺，街对面又开了一家同样的店铺跟你竞争，他让人人都知道他的多纳圈价格只有你那边的一半。于是坏消息传来，他们将得到市里百分之百的顾客；好消息也有，说他们行将倒闭，全因所卖产品价格低于成本，从长远战略考虑非常不对路子。你在短期内或许蒙受利润损失，可是你不会感到压力——非得在价格上向街对面愚蠢的定价看齐，因为你知道他们很快就得屈服于市场压力而走向破产。

　　现在，假如你经营的是市里的抵押委托行，对面新开了一家类似的委托行，提供的贷款利息非常低，又无需定期偿还，而且贷款周期可长达 40年。同样，坏消息说，你将失去市场份额和大量客户；更坏的消息说，新的抵押委托行不会很快从市场上退出。前面有漫长的岁月，说不定要几十年光景，他那种荒诞的定价才能让危机迹象显露出来——借贷者违约赖账，或者丧失抵押品赎回权——最终使他们的生意破产。同时，他不仅存储百分之百的市场份额，而且还迫使你跟他在价格上竞争。这就是美国抵押品市场正在发生的事情。由于银行业务的长期存续性，有些善于急进、肆无忌惮的银行家就开始冒着风险胡乱定价，提供一种不考虑长远效益的服务条款，但是在短期内，他们可获得丰厚的收益。可悲的事实是，意图良好、管理良好的银行不得不靠向对方愚蠢的经营价格，或者干脆自甘消亡。

　　在这个资本主义不能良好运行的世界上，银行不是唯一的长期资产和责任经营机构。保险公司长期以来一直被认为属于长期的责任行业，其中的公司吸纳实实在在的报酬,形成现金流,但必须保证有充足的资本进行长期运作, 保障他们合同的信誉, 这就是保险行业受到严格管制的原因。不可能有这样的情形发生:在全无管制的情况下,市场机制自行阻止不择手段的竞争者以较低的保险费承揽不大可能实现合同赔付的保险业务,达到垄断保险市场的目的。这就是所有长期资产和责任行业都必须予以管制的原因。

　　问题的关键就在这里, 假如银行业或者糕点营销业在我们整个 GDP 中只是简单的各自独立的切片,那是另一回事;真实的情况是,银行系统是我们所有行业的基础信贷系统。当我们整个的金融和经济系统的健康都有赖于银行系统,我们的处境就很困难了。我们已经意识到管制的必要性,因为在完全没有管制的情况下,资本主义系统不可能健康运行。

　　解决问题的办法不言自明。许多短期资产和责任行业,如糕点店,可以获准不受限制地经营,让竞争最大限度使行业总体利润最大化,让竞争在整个行业内自行发挥最大效力。但是银行和其他长期资产责任行业必须加以管制;假如我们不管制他们,当银行业自身试图适应现存的不受制约的环境,我们必将迫使我们的经济,包括所有其他行业在内,陷入忽涨忽落的混乱,甚至发生衰退或大萧条。应做的选择很简单。缺乏管制的银行会让全世界跟着倒霉。适当地对银行施加管制,你就会消除导致严重衰退和危机的诱因。

谎言 11:

如果人们在投资上更加灵活多变,这场危机就没有那么伤人了。

　　我们将会在后面关于投资的章节里详尽探讨多样化的问题。我在这里提到它, 只不过是由于我认为它是当前金融危机中非常重要的一个相关部分,而迄今为止,并没有人对此做出过评论。

　　我们讨论过银行系统缺乏适当管制的现状,以及缺乏管制的情况下,资本主义自由市场机制自身的局限性。但是一位真正的自由市场经济学家可能会指出例外的个案。最让格林斯潘先生以及其他纯粹的自由市场信奉者感到大惑不解的是，由每位参与者的利益驱动的整个系统居然四分五裂了。

我母亲是在肯塔基州的一个小城洛仑兹堡长大的，那里距世界上最成功的养马农场非常近。年轻的时候，她常常替有意卖马的农场主充当秀马骑手。她是最先对我解释马匹交易知识的人，她告诉我：马匹交易纯粹是顺其自然的生意。没有什么成规，也没见过什么欺诈的事情发生过。假如你能把一匹 12 岁的老马卖给一位想要找 3 岁小马、并希望它能参加当年的肯塔基州赛马会的顾客，那就算你运气好。由此就有了一个说法：作为礼物的马，不要再去看牙口。通过察看一匹马的牙齿状况，你就能判断它的年龄，大概不至于在买卖中上当；然而，假如一匹马是你得到的礼物，无论怎样，你都不会损失什么。

没有任何政府代理会帮你在挑选马匹的时候察看牙齿，假如你在买马的交易中吃了亏，我敢说，哪个法庭也不会受理你的申诉，至少在肯塔基州办不到。这就是他们所谓的"马匹贸易"。

因此，当事情全然缺乏成规和管制，交易的参与者得不到免受欺诈的保护，马匹生意正是这样。我们不敢断言，有了规章制度，那些欺诈行为就一定受到限制，但是没有制约，欺诈行为确实不会自动消失。所有的交易参与者都知道，对于要买哪一匹马，他们要自己来做判断。对这场金融危机，自由市场的信奉者都在问同一个问题：为什么没有管制，我们的金融行业就无法在危机中幸免于难？没有法律的制约，金融行业的每个参与者都将仅仅受利益驱动，也就是受个人利益的驱动。但是，根据亚当·斯密的理论，贪婪本身没有什么不对；通过人们自私的行动，整个国家终将获益。在这样的理论框架下，你很难指责不动产代理商对购房者给予不良建议甚至出馊主意，其目的不过是赚取更多的代理费。我想，你不至于谴责购房者情愿多掏钱吧。起码，他们要花的不是自己的钱，大多数都是百分之百的银行贷款，因此，他们要花的是别人的钱，而且很清楚，假如，不管什么原因，房产价格下跌，他们总是可以从所购住宅里一走了之，根本不再理会自己的抵押偿付责任。资产评价代理、抵押委托人、房产代理商，甚至房产购置人本身都在这样一个似乎很合理的经济学标准框架下操作。在一个放任的没有管制的市场环境中，倘若发生房市危机，他们谁都不会处于受伤害的地位。

排在下一个的是商业银行家，原来，他们并非把这些抵押资产放在自己的资产负债表上，而是把这些抵押资产包装一下，放入债券发行计划，然后向上游销售。由于他们对资产评审机构给予大量的资金报偿，他们得以把不良债务转换成三A级有价债券，无需资产的再行配置，就可以赚取为数巨大的利润。那么，从经济学的角度来看，商业银行也不能被指责为不理性。把全无价值的债券推销给他们的客户，这或许显得不道德；但是如果我们还记得前面提到的卖马的例子，那么，在一个完全自由的、不受制约的市场内，道德与经济学毫不相关。资产评审机构本身也没做错什么——同样从经济学的角度看——并未不公正地随意抬高自己所评审的资产等级；他们只不过使自己的收益最大化了而已。与前例相似，完全不道德，但是有利可图。

整个抵押金融行业中真正的输家是最终购买这些抵押债券的机构，其中包括养老基金、政府专控基金以及他们的商业银行、保险公司和其他投资者，最终他们持有这些全无价值的债券而一无所获。一种解释是，这些投资方只不过是由于懒惰和过于信赖资产评审机构可以保障他们不受损失。这种解释在今日看来过于单纯化了。

我认为，这种全球性的自由放任型的经济系统之所以失败，根本原因在于人们过于依赖多样化了。多样化投资几十年来一直是我们的商科学校所推崇的经济模式，被认为是达到风险最小化和收益最大化的有效手段。但是，要最终实现多样化，就意味着德国的商业银行不得不持有美国抵押资产债券的若干百分比。在我看来，这种做法很愚蠢。德国的商业银行对美国的商业和民用房产市场所知甚少，他们既要依靠中间商为他们作风险评估——我们先前说过，许多中间人都是不堪信任的——又必须信赖有效的市场本身能对所有危机予以估价，使他们无需担心自己会蒙受损失。你看，那就是有效市场机制理论的漂亮之处。所有资产都相应于风险被适当地定价了,因为,如果不是这样,从事套汇的人就会插足进来扭转价格。如果你相信这种有效市场理论,这就意味着你自己用不着做任何投资分析研究或者对他们公司的状况进行调查。你可以依靠市场对所有资产给出合适的价格。这与针对某赛道上奔跑的赛马不假思索地进行赌博的情形十分相似。你很可能下对了赌注,因为你周围很多人都先行进行了分析,能把赌注放在最有可能胜出的那匹马身上。

我认为这些大型金融投资商在抵押和其他资产的经营上犯下了错误,使资产价格在世界上造成危机。他们估计,适当分散他们的投资,就会使风险最小化,但是他们的多样化战略本身需要他们持有如此之多的资产,而他们根本来不及预测它们面临的风险和每一投资单元的收益。相反,他们情愿听任市场为他们的资产给予适当定价。如此被动的非常多样化的投资环境,其中又没有人从事最基本的调查和分析,大多只能保证市场自身变得越来越混乱。如果没有人对储备的资产加以守望,那就会有人趁机而入,在你毫无察觉的时候盗取你的财富。我想,私人的产业公司和对冲基金公司就是靠钻全世界大量投资公司采用的被动投资哲学的空子,谋得生存空间的。大量投资者受到市场多样化、有效性以及合理定价能力等虚假承诺的催眠,放心地睡大觉。

谎言 12:

游说者对国家是好的,而且是民主体现在行动上的伟大范例;华盛顿的游说有的为了老祖母,有的为了宠物主人、教师,甚至为了我们大家。

最近,我见到大量新闻报道,大都出自令人敬重的新闻机构,如美国有线新闻网(CNN)、《纽约时报》(New York Times)和《华尔街日报》(Wall Street Journal)等等,一致告诉我们说:大家对游说者进行抨击是不公平的。这些文章的立论基础都是:游说是好的。他们接着辩论说,游说者是代表我们大家的利益去游说的。甚至还说,在那里,有人为了老祖母的心愿,或者为了宠物爱好者的权益,甚至是为了每个人的利益,忙着进行游说。

　　这么夸张的谎言,让我由衷担心我们传媒业的独立性了。我们许多媒体都属大型经济联合体所有,因此他们鲜有对公司游说行为造成破坏性影响的报道。但是,它们公然出头,替游说集团鸣冤叫屈,令人感到惊愕。

　　不错,我们的宠物的确有代言人到华盛顿替它们提意见。不过,代表宠物游说所花的钱,只有代表大公司游说付出钱财的千万分之一。

　　游说活动和竞选捐资活动,实可划分为两大类:第一类公司游说者,代表我们最大的经济联合体、银行、对冲基金公司以及其他金融机构。第二类游说者,混杂着各种民众团体,其中包括环境保护主义者、老年人权益维护者、工会成员或者是教师代表。

　　我认为,所有的游说行为都是对我们的民众制度的极大伤害,因为他们阻止了广大民众对于自己有关的重大决策的参与,毫无疑问,公司的游说行为造成的破坏最为严重。至少,当游说者代表大型团体对民主决策过程进行干预,他们所代表的是美国人,尽管未必是全体美国人。当他们代表大公司游说,他们代表的就不再是别人,而是公司实体和它们的股东。这就有违于经济学理论中的一个原则:具有过大经济规模的实体会对市场产生过大的影响,以及:参与市场活动的经济体同样会对市场的规则设定产生极大影响,而这也是对市场经济规则的严重扰乱。

　　无论最高法庭怎么说,公司都不是个人。他们不应当拥有个人的权利。我们应当拥有对它们进行调查并要求它们充分公开透明的权利,新闻记者应当能够进入它们的内部运作,以确信他们不是在依靠欺诈和腐败的活动谋求利润。他们无权搞暗箱操作。公司当然不应当要求政府的庇护或从事游说。法律是制定来保护美国的全体公民而不是公司的。当那些公司参与书写法律法规的过程,他们心里装着的不是民众的利益,只有自己的利润。如此,他们想要达到的目的是:可以污染环境、拒绝执行任何防止全球变暖动议的要求,破坏工会的组成,减少工人的工资,阻碍政府对工厂和员工安全的监察,还要阻止政府制定适当的规定,对产品质量——包括食品与药品的质量严加监控。说我们的政府无效,那肯定是不实之词。政府在通过惠及公司的法规制定上一直是很有效率的,因为公司为此付了大钱。它推动了全球化,增加了公司的市场份额,并帮助他们寻找低工资的劳动资源;它与全球变暖毫不相干,只为了赢得美国公司的欣快;它推动知识产权以及新产品、新药品的专利权在世界范围得到尊重和执行;它延长了著作权和版权保护周期;它还开了窗口,以便大多数公司都不用上缴营业收益税。

不,我们的政府不可谓无效,只不过,它要唯大老板们的马首是瞻,并不为美国公民操心。当国会出色完成一项任务,把公司游说者的意向书提交议定,那绝不是针对美国公众利益的。民众关心的重大问题,诸如工资过低、失业、教育系统的薄弱、医疗保健和药品的昂贵,以及地球这颗星球环境温度的升高,一律没有在国会受到重视,因为他们的热情关注都给予大财团和它们的游说者了。

第二章

关于如何结束这场危机的谎言

谎言 13：

全球银行系统拥有充足资金，能承受这场冲击。

不是吓唬你，全球金融系统真的破产了。

如果他们所有的债务，包括他们提供的经济担保和保险，都得到承认，而且，如果他们的资产在市场上具有正当标识，那么，今日世界上的投资银行或商业银行，没有一家具备偿还能力的。

这种说法令人难以置信。如果世界上 10% 的银行都无力偿还债务，我们就会陷入危机。我要说的是，它们统统都无力偿还，也就是说，都破产了。

次级抵押市场，也就是这场危机的发源地，本身就足以驱使我们许多大型金融机构陷于破产。那些保持继续公开交易的经济实体自己都无法还债，尽管他们拒绝承认这一点。他们使自己资产的价值过度膨胀，并对负债状况大打折扣，竭力掩盖其面临的危险局面。假如现在还有任何银行不同意这种看法，仍相信自己有能力还债，我会立即向他们挑战——可否请允许我进入你家账房，用一周时间查看下你们的账本。那样结论才能确定。我怀疑，我的挑战根本得不到响应。但正如我们前面讲过的，在有问题的 50 万亿美元资产中，次级抵押贷款仅仅代表 1.3 万亿美元资产。商业银行未来将在他们的初级抵押资产上面临更大损失，因为贷款偿还义务的违约和抵押品赎回权丧失等状况已遍布那些较为富裕的街区，那里曾是房产价格急剧上升和大幅回落表现得最富戏剧性的地方。商业银行所有的贷款都受到了威胁。作为这场危机的结果,世界上半数的对冲基金公司都得关门,世界范围的股票市场价格也会急剧跌落,还有公司以及市政发行的债券,统统会遭遇贬值。对冲基金是商业银行的大型借贷者。不仅仅是住宅房产借贷,商业贷款也面临极其艰难的时刻。办公大楼的空置率也在戏剧性增长,而办公楼租用率在下降,商业街区除了没有完全退出店面,实际上已没有任何实际业务可做。当建设贷款被抽出,银行正卡在完成计划的半途。公司向银行借贷的数量也一路下降,债务违约无疑会大量增加,尤其在越来越多的公司宣布破产之后。银行被独自抛弃在冰冷的大街上,试图捡起一些商业票据和投资级的公司债务,甚至是存储在银行的垃圾债券。整个靠负债杠杆操作经营的全部套购活动以及私人资产投资活动也都停了下来,由此银行的损失极为严重,尤其在以公司弥合信贷与高级公司借贷形式借给高度杠杆衡平运作公司的贷款方面。

但是消费者在商业银行里的账面情况也好不了多少。我们都知道迄今为止他们在抵押品贷款方面的损失,而信用卡贷款、学生的助学贷款以及自动贷款提取,等等,目前都开始增加。这些贷款的很大部分被放在了债券化的市场上,如今几乎都挥发一空。当个人破产的情况增多,助学贷款、购车贷款和信用卡贷款都戏剧性地增多了。基本上,商业银行在国家税收方面的整个业务都已经不存在了。然而银行无法适当减少对外支付的各种款项。民众、房地产、建筑以及经营行业的投资都不允许银行在税收下降的前提下减少任何需要付出的款项。由于银行处于如此高倾斜度的资产 / 负债杠杆状态,横跨各行业的坏账将对它们构成极大威胁。所有银行的贷款市场当前正发生的一切,使得银行资本中恐怕只有百分之3%~5%可以幸存下来。一些小型的地区银行迄今为止避免了次级贷款问题以及抵押贷款的问题,他们把绝大多数抵押债务卖给了上游,从而给中心银行注了资。不过,在未来的经济衰退中他们就不会这样幸运了。当失业人数成倍增长,他们就会经历消费者贷款方面更大的贷款债务违约率,而且,作为金融行业自行倒闭,他们的商业地产借贷和商业借贷都将蒙受巨大损失。由于商业银行对自己当前的状况不说真话,我们就不敢贸然采取迅速和有效的办法化解当前的危机。直到我们开始查看我们自己在银行里的资产状况时,才发现他们正受到无力偿还债务的威胁,使我们永远也别想从危机中恢复过来。日本曾有过相似的经历,1993年他们银行里的房地产借贷资产出了问题,由于民众没有查询自己银行的偿付能力,最终,他们在挣扎10年之后才得以恢复。假如你准备浪费万亿美元的资产用以加快从危机中恢复,你应当把这笔钱花在效用最好的地方。那就是把我们的金融机构建立到一个坚实的基础上去。与其出钱拯救金融行业里最薄弱的成员,不如采取一个加速银行破产的处理程序,换掉银行管理人员,债权人可以得到财政援,依靠政府基金的帮助,我们的银行系统可以适当地融资以提供信贷给成长中和恢复中的经济。

谎言 14:

如同大萧条,主体上是一个流动资金的问题,向系统内注入资金,问题就会迎刃而解。

本·伯南克,美联储的主席,是大萧条的一个了不起的学生。大多数经济学家,包括伯南克在内,都认为大萧条的恶化是由美联储加紧控制困难时期对资金的供应造成的。的确,资金的提供在大萧条早期曾有所减少,但这主要归因于大批银行宣布倒闭,减少的国家整体资金储存量,因而减少了资金的供给。

正是由于大萧条期间资金的供给减少,经济发展速度减缓,但并不意味着资金供给压缩导致了更加严重的经济衰退。事实上,如前所述,是大萧条造成了资金供给下降。在经济学家中间有一个公认的说法:资金供给的收缩并导致通货紧缩对经济发展是不利的。但这并非绝对正确。为什么经济不能在减少资金供给和减少名义价格的时候运行得一样好,这是没有理由的。看看计算机行业。电子芯片和笔记本电脑的价格每年都在下滑,然而这并未阻止苹果公司(Apple)、微软公司(Microsoft)和思科公司(Cisco)公司运行得一样良好。

因此,大多数经济学家假定的情况是,损失资金会导致经济增长。当然,损失资金导致正常价格下降,但是没有任何证据说明,这样一种政策能导致真正的经济增长。

因为他对大萧条所做的学术研究,伯南克对当前危机的解答是,它是流动性的危机,可以通过向系统注入更多资金来化解。即使大萧条时资金紧缩造成了更严重的衰退,但并不意味着当前的危机与之相类似,或者与流动性问题有任何相关。事实上,当前危机并不是流动性问题。伯南克和保尔森都尝试了很多次,对银行系统注资,据说,即使没有上万亿,也有数千亿美元,但是效果是,银行在信贷业务上几乎没有见到任何扩大和松动。原因很简单,这不是一个流动性资金的危机,而是银行偿付能力的危机。银行不能从事贷款业务了,但原因不是他们没有钱或者说,没有流动资金。实际上是由于他们几乎没有偿付能力了。他们有如此之多的坏账趴在账簿上,这是他们整个实体的基础受到可能破产的威胁。他们最后要做的就是进入更有风险的贷款操作,而其结果是,他们的偿付能力将受到进一步的威胁。

最终关于这不是资金流动性问题的证明是,银行现在依然坐拥总值接近 10 亿美元的储备。由于美联储接二连三地给他们注资,而他们又不再向外贷出,形成了大量资金的囤积。即使国库和汉克·保尔森通过不良资产释放计划给予这些银行数百亿美元的资金注入,以恢复资金流动,银行就是不予外借。这些钱有一部分起作用,但是绝大多数只不过强化了银行的资产基础,而这,如同你所预料的,正是公司在资产基础受到破产威胁时所要采取的措施。尤金·法玛有一篇新的学术论文,说的是,对银行注资没有任何助益;那只不过是直接把纳税人的钱拿去给银行的债权人了,而他们当然很欣赏这种使他们可以坐拥巨额资产的援救措施。世界范围内,对各地金融系统注资数万亿美元,有两重风险:第一,如果那些钱被世界上某些国家的政府借走,银行将接近负债容量的底线,不能再为其他更有意义、更有希望和更有效率的结束衰退的措施提供资金。第二,假如他们印制新的钞票来为他们扩大资金基数,他们就要承受经济环境低迷背景下通货膨胀失控的风险——也就是通常所说的,经济衰退时的物价上涨、失业率上升和高通货膨胀的情形。

底线是,本·伯南克和汉克·保尔森迄今为止所做的每件事,包括数万亿美元的、用以增大资金流动的注资行动,在减小经济衰退影响方面几乎没有任何效果。原因是,衰退并不是由流动资金危机引起的,银行偿付能力的危机才是真正的肇因。而银行失去偿付能力是由于我们金融系统、我们的经济本身以及我们政府对前两者的管理,出现了一些更为根本性的问题。

谎言 15:

人们不进行投资,银行也不进行借贷,是由于大家都失去理性而且畏缩不前。

我常听说,导致了当前的经济滑坡的主要问题是民众和投资者都给吓得不知所措了。这种假定认为,人们不理智的行动是建立在恐惧的情绪反应基础上的;如果他们能更理性一点,就会看到,实际上今天的股票市场存在着极大的讨价还价的空间,银行则能够认识到市场上可以提供的所有良好的贷款机会。

这都是胡说八道。在当前市场环境中,银行和投资者的行动已经够理性的了。首先,我不认为当前情况下经济在短期内会有任何起色。对于道琼斯指数何以能结于 5 000 点,我能编出许多种说法,但是我不相信任何说它能在近期内重返 15 000 点的胡诌。

理由是,银行之所以不愿贷款、投资者之所以不愿投资,是因为市场环境不够透明。人人都知道许多银行存在坏账的困难,而他们并未对外披露。简单地说,人人都关心我们众多大公司未予充分公开的经营困境以及他们在多元化投资市场上遭遇的金融危机。银行界间相互贷款利率如此之高的原因并非银行胆怯或者不理智,而是由于他们不知道系统中的不良资产究竟蛰伏在哪里。他们不知道是谁面临着最大的倒闭风险,因此他们不想把钱借给其他银行。像我一样,如果他们足够明智的话,他们就应当认识到,世界上几乎所有金融机构都处于技术上没有偿付能力的状态。在这样的环境中,继续贷款给这些机构显然是不理智的。

解决问题的办法并不是坚持让银行对外贷款或者给他们补充流动资金,而是强调所有贷款机构严格保持操作的透明度,还有:应当迫使世界上每家公司都对自己的上市资产、所有负债状况以及它所做的保险业务,包括那些在违约信贷交换市场上的经营情况给予详细报告。通过互联网,做到详尽的报告应当是很容易的事情,这样就使世界上发生的一切事情彻底得到曝光。

当然,这就牵涉到更大的问题,通过这种公开透明的曝光行动,那些真正丧失偿付能力的公司该怎么办。

答案是,我们必须加快我们的破产的程序处理,因而它们只需用几周而不是几年的时间就可以完成。真正丧失偿付能力的公司,特别是银行,需要具备快速重组能力,取消低效率的管理机制,清理他们的负债投资者和信贷客户,以崭新的、具有偿付能力的行进中的企业形象尽快复出江湖。

这种事情也不是没有前车之鉴。1993年,日本银行,因几十年的过度贷款,在日本房地产和股票市场上蒙受巨大损失。他们没有立即重组和承认自己的困境,银行把自己的真实状况对外隐瞒了好几年,造成日本陷入经济衰退并持续了 10 多年。再一次强调,银行业对经济成功至关重要,假如你任它数年在困境中挣扎,你的经济肯定会随之遭遇长达十年甚至几十年的衰退。

我们应当付出坚韧的努力,在近期内或者在 10 年之内对银行业加以大力调整。不同之处在于,假如我们耽搁行动,我们将坐失整整 10 年的发展期。

谎言 16:

拯救濒临破产的公司需要用纳税者的钱。

迄今为止,政府拯救每一家公司所用的资金都含有纳税人的钱。没有政府对价值290亿美元不良资产的担保,J.P.摩根也不会去收购贝尔斯登的公司。政府对首选股的发行注资2 000亿美元以后,房利美和房地美被接管,但是,纳税者最终付出的钱财总体上要数倍于这个数字。政府出资拯救前,摩根·士丹利、高盛和美林银行本身都处在破产边缘,其后他们被美国银行接管。这些投资银行陷入困境是因为他们对一夜之间可以为他们经营融资的短期回购协议市场过度依赖。当他们的资产质量下降,这些投资银行并没有充足的抵押担保到位,可以使短期回购协议贷款维持自己继续经营。政府涉入并允许这些公司重新定义自己作为银行的性质,因而可以进入美联储的折扣窗口,而政府又注资百亿美元资产给高盛银行和摩根·士丹利的公司。通用汽车金融公司接受了价值60亿美元的政府投资。通用汽车公司和克莱斯勒汽车公司在2009年第一季度刚刚接受到政府大约170亿美元的注资援助。

假如我告诉你,这些纳税者的钱实际上没有任何必要被用在这些投资上,你可能会认为我是疯了。每件案例中,政府涉入并拯救这些公司的行动都发生在该公司的债权人和负债投资者所投资的些微资金赢得他们的投资时。资产投资者损失了他们投资的很大部分,但是负债投资者却毫发无损,一毛钱也没有损失。

已经有几十年享受到额外收益,仅靠外来资本对其他公司进行投资,以及假定要承担破产危机的负债投资者,如果真的走向破产,而同时所有公司都面临破产风险,仅让他们毫发无损地全身而退,这是毫无道理的。而纳税人与这些公司的经营毫无瓜葛也从未在负债或资产债券上投资于这些公司,要求他们进入拯救计划并且让这些负债投资者在大势已去之后保持油皮不破,这同样也是毫无道理的。

有确切的数据为证。假如房利美和房地美的负债投资人被要求削减他们投资的20%,对他们的拯救并不需要用纳税者的钱。

在通用汽车金融公司的案例中,负债投资者被要求削减75%的投资,但是Cerberus(美国知名私募股票集团)拥有全部资产的51%,却被要求仅仅减少35%的投资削减。我们在后面章节中将会看到这个转变的更多细节,足以说明,这种结构的设计是毫无疑义的。

我们已陈述过，这场经济危机的主要原因是所有公司和银行过多使用负债杠杆手段经营。好消息是，从检验的角度看，说明有大量负债投资者可以进行投资削减。如果银行用杠杆比率达到 20：1 的负债经营，损失了百分之百的资产，那么它仍然有 95% 的债务以存款者和负债投资者形式坐等机会，假如需要的话。银行仅仅因为在不良贷款上损失 5% 的资产，这并不意味着他们需要纳税者的援助。没有人希望看到存款人损失掉金钱，因此允许债权人和负债投资者脱钩，这也是没有道理的。对任何行业进行实质上重建所需资金的明显来源是对管理的补偿。过去四五年间，华尔街，包括投资银行、商业银行和保险业的管理者阶层，把为数超过 5 000 亿美元的行政管理酬劳和红利奖金拿回了各自的家。为什么在这些管理者把公司经营得一败涂地之后还可以拿到如此之高的奖金和分红，同时又指望纳税者来为他们填补资金漏洞？情况甚至还要更糟，许多公司，甚至在救援计划下接受了纳税者的钱，还在给他们的高级执行官继续支付大笔奖金。公司在高级执行官的工资制定上可谓锱铢必较，但是在提供特选股票和有限股票分红上不设限制。某位首席执行官曾经说过，他们不会得到 2009 年的红利，但是他们肯定不会返还任何有限股份和特许股票，他们有限的现金红利仅仅是管理高层内部享有的，而绝不会对银行里几千名普通雇员发放。有些金融公司收到了政府的拯救资金，还宣布他们 2008 年的奖金预备量要比 2007 年减少 50%，但这意味着纳税者数千亿美元的钱财都要被用来支付今年那些做出决定让银行倒闭的管理者。这简直太没有道理了。

谎言 17：

汉克·保尔森针对不良资产减除计划的每种说法。

从汉克·保尔森的言论中，你或许会惊讶地发现，我们国家的财政大臣，竟然也谎话连篇，包括这本书中提到的有关华尔街的谎言。不过，汉克的整个生命都奉献给了华尔街。以他身为财政部部长的行为来看，很不像完全忘了本的样子。

汉克·保尔森告诉我们,不良资产释放计划(TARP),将要买下水下的(被淹没的)抵押资产从而释放银行资金,使之可以重新开始贷款活动。他说,他将利用一个反向拍卖过程,在其中,政府将宣布购买者原先标购的价格,然后让价格下落,直至有人愿意把那些抵押债权卖给他们。

而实际是,汉克·保尔森和不良资产释放计划不是要购买单一的水下抵押债券。他们意在抽取那些直指该计划的援助款,并把它们用在广泛的解套计划,其中有3万亿美元援助资金将给予商业银行和投资银行,而这两家银行都是保尔森的朋友开的。

保尔森曾说过,这些投资都是以市场为基础的,最终将证明都是为纳税者所做的良好投资。这又是一次远离真相的说法。当沃伦·巴菲特能够在高盛银行投资中得到10%的首选,不良资产释放计划的专项基金和美国的纳税人只能得到5%的特选投资。而当百分之百的沃伦·巴菲特特选股可以自由兑换成高盛银行的普通股票,仅有5%纳税人特选股可以自由兑换成普通股票。通用汽车金融公司的交易甚至更坏,特选股不能兑换成普通的潜力股,如果政府的金融拯救行动奏效,也无法在将来发展,而仅仅可以兑换成没有上家的附加特选股。

甚至在保尔森承认自己不会用不良资产释放计划的钱买入水下债券之后,他还就这样做的原因继续撒谎。而他发现为时已晚的事情是,一次反向抵押品拍卖将永远不会对抵押债权起作用。原因是,抵押债权在结构和特性上是极为多样性的。每一次抵押债券交易都是不同的。这意味着你不能对一个特别等级的抵押债券进行反向拍卖,因为对这些债券来说,根本没有等级这回事。所有债券都各不相同。而且它们的价格是针对各自的特点相应定价的。保尔森仍然矢口否认他的反向拍卖计划从一开始就是不起作用的,而且那还是他绝不用不良资产释放计划的资金购买水下抵押债券的一个主要原因。

与此类似,保尔森认识到为时过晚的是,从银行购买水下抵押债券只能使情况变得更糟。如同伯南克,他也认为这是流动资金的问题,他要通过购买银行的水下抵押债券,从而使银行得到资金,从而帮助银行渡过难关。他没有意识到的是,银行遭遇的是偿付能力的危机,当银行出卖水下抵押债券,它只会造成更大的损失以及使它们原本薄弱的偿付能力受到更大的冲击。即便银行决定不向保尔森假设的市场出售水下抵押债券,由于保尔森已经为这些不良债券设立了一个真实的市场价格,所有银行都已经被迫将他们的债券标价到市场决定的价格,进而使它们蒙受更大的损失,它们的偿付能力危机也变得更严重。

保尔森曾承诺说,不良资产释放计划的资金仅仅会投放到受创最重的金融机构,可是最后他却把这些资金给了 J.P.摩根银行以及其他健全如初的银行,他这样说不是要非议那些受到该计划注资的公司。当他承诺,只有联邦法定的银行可以接受计划注资, 而他却很快允许高盛银行和摩根·士丹利银行重新定性自己的银行乃至最后竟成了所谓的通用汽车有限金融责任公司,这样的法定银行。这就使他对把钱给予通用汽车公司和克莱斯勒汽车公司的解释不能自圆其说,因为不良资产释放计划的整个意图是帮助受困的金融机构。

最后,当保尔森谈到这些利用纳税者的钱所做的投资都将受到密切监察,他又撒谎了。伊丽莎白·沃伦受托对不良资产释放计划的基金使用状况进行监督,结果她递交的若干份带有严厉批评意向的报告指出,政府在监控任何这些投资上的工作很不到位,对于那些资金的使用情况,对纳税人几乎没有任何交待。保尔森对不良资产释放计划资金的使用简直如同在使用自己的私人存钱罐里的钱,随随便便地就把 3 500 亿美元施舍给由他任选的公司了。至于谁该得到资金援助,谁又不应该得到,完全无迹可循或者说,没什么理由。我们已经浪费了 3 500 亿美元之多的纳税人的血汗钱,而对实情我们竟然全无显示和交待。抵押贷款危机被未得到缓解,房产价格继续下滑,丧失抵押品赎回权的案例还在继续增加,信贷市场依然封冻,银行间的贷款利率仍然居高不下, 越来越多的公司面临倒闭。保尔森却浪费了万亿美元中超过三分之一的、来自纳税者的钱。

谎言 18：

有些一流的大型金融机构是我们银行系统的基础，而且，由于它们太过重要，不可使之承受破产的风险。

保尔森散布的另一条谎言是说：有一些非常大型的金融机构是我们银行系统的基础，确切地说，它们太大了，容不得闪失，绝不能失败。这就是他用以解释把数十亿美元给予商业银行和投资银行的理由。

不错，美国有些金融机构的确很大，而且在我们的金融市场上呈现着错综复杂的相互联系，一旦它们稍有闪失，很可能引发整个金融系统的垮塌。可是，这些金融机构的数目并非仅有区区五六家可以概括得了。如此规模的金融机构，就算没有数千家，恐怕也要有数百家。

几十年来，这个国家中的金融机构得到允许发展到如此庞大的规模，以至他们的资产和负债计算起来，数据都要在数万亿美元以上。这些公司本身规模庞大，而且与全球经济联系紧密，乃至一旦它们出现闪失，全球经济都要跟着发生危机。为什么有些人没有提早意识到这点？为什么我们不能做些什么，比如，对这些大型金融机构的规模加以限制？我们本不必通过什么"反扩张法"的。相反，我们本可以强调：在每次金融机构获得 2 000 亿美元股权资产或者 5 000 千亿美元所需用于分裂为两个新公司的资金，股东们要获得在每个新公司的股份，要用先前公司中所占份额交换。在这种机构变更中，资产价值并未发生变化。没有谁会因此失去几个钱。但是金融系统本应当这样加以保护：不至有大量机构发展到如此庞大的规模以至于我们不能承受它们万一的闪失。

一旦公司规模大到不可使之失败的境地，资本主义也该垮掉了。资本主义总体上给所有企业机会去造就经营机制并增加利润，并且在小型的末端机构上增长。但同时，在大公司之中，所有经营不良的公司必定要垮掉。资本主义存在着创造性的破坏因素。经营不良的公司做出不良的管理决定来逃税。相反，系统不得不允许这些公司失败，从而允许经营良好的公司增大他们的市场份额和效益。

但是,并非仅有规模很大的金融机构由于过于庞大而不能失败的。因为,在信贷违约债券市场上,世界上几乎每一家金融机构实际上都非常之大,或者至少在信贷违约品市场上属于过于重要的枢纽机构,不能允许其失败。信贷违约债券市场是一个拥有 65 万亿美元的多元化市场,其中,公司间相互担保防止违约赖账。概括起来说,在信贷违约债券市场上,我可以对你的 IBM(国际商用机器公司)负债投资担保不会失败,而且,即便它真的失败,我也要让你的投资毫发无损。信贷违约债券市场获准发展,这已经延续了 10 年,完全不受管制,而且,在昔日价值 1 400 亿美元到今日价值 65 万亿美元的市场上,操作完全不透明。这是两大对立势力相互交易的一个漫无边际交错勾连的蜘蛛网,其中,一方担保违约债券,另一方在公司万一垮台的情况下接受赔付。在信贷违约债券市场上,两大金融势力之中没有一家——这里我指的是世界上几乎每一个大型金融活动参与者——都能在这一内部相互联系的蜘蛛网的破产担保下获得可以失败的允许。理由是,公司的破产所引发的是信贷违约债券市场中的赔付。另外,失败的金融机构在信贷违约债券市场上是一方玩家,而这一市场上还有许多其他担保方,因此有大量的合同会随之失效。这个由内部相互担保和保险产品构成的蜘蛛网意味着,假如有任何主要的枢纽机构失败,那么整个信贷违约债券市场就会崩溃。

如此,通过一个漂亮的类推逻辑,想象一下,假如芝加哥机场由于降雪关闭一两个小时的情形,就不难理解,在一个内部相互联系的系统中,大型枢纽机构的重要性。芝加哥机场暂时封闭,不仅与芝加哥机场有交互业务的航班要延迟飞行,飞越美国全境的航班也都要随之延迟,甚至可能被取消。你无法想象一个相互关联的系统中,一个重要的枢纽出了故障会带来何等严重的后果。因为那些系统过于复杂,在出现故障和停止运行的情况下,很难预计接下来的状况。

谎言 19:

靠政府的 170 亿美元,我们可以拯救汽车制造业。

汽车工业要求政府对其进行救援。每星期,它们所要求的救援资金数量都在改变。而为数 170 亿美元的救援资金远远不够它们用的。

这是一个每一季度损失将近 250 亿美元的行业。而对一个持续经营亏损的行业注资,在投资战略上,这绝不是一个好的举措。借助给予汽车行业 170 亿美元援救资金,我们所有人过去所做的是迟迟下不了决心,究竟是允许它干脆破产、重新组建还是从现状脱身。这个决定在两个月之后就更不容易做出了。

美国汽车业是从基础上崩溃的,在每个方面都与其他公司倒闭的方式大致相同。它们每推出一个新型产品或新型车辆的设计方案大约都需要 6~7 年的时间,而结果通常都遭到市场的拒斥。在提高每加仑汽油的行驶里程指标,或者推动实用电动汽车或者混合动力的汽车等方面,它们没有任何创新。应其所需,它拥有的经销权是其他行业的 3 倍,而美国人发现,去找这些经销商购买汽车是他们一生中最不愉快的经历。它们的工人工资结构如此之高乃至他们赚取的工资比境内日本工人工资高出大约 30%~50%。这个行业几乎所有生成的现金流都流向支付退休津贴和健康保障系统了。这是这一问题的特点,无论你怎么压缩这些公司,去补贴他们的退休费成本只能使情况更糟。这也就是让这些行业破产要比维持下去要好的原因。巴拉克·奥巴马很想让美国汽车行业恢复生机而避免因这些行业倒闭引来失业的麻烦。可是,把纳税者的钱投入这些公司,直至他们完全重新组建,也是毫无道理的。它们的债权人需要对他们的投资抽取为数巨大的利润,它们的资产投资人需要被清除,它们的管理队伍需要被撤换,它们的工人工资需要下调,它们的退休津贴和保健计划成本需要减少,过多的经销机构需要关门,新型号产品的数量也需要显著减少。

但是在美国纳税人注定要去拯救这三家公司的时候,它们所需要的投资是 1 000 亿美元。如此数量庞大的资金足以去开创一整个崭新的汽车工业了,而且还是拥有更好的管理、具有十足的动力生产高燃料效率的汽车或电动汽车的良好产业。用这 1 000 亿美元,我们足可以把全美的汽车都换成电动车辆,外加一个新的、强调公共交通和电力公车使用的新环境。

这就是把大好的资金投放在坏地方的典型案例。这样的措施起不到任何作用。完全是在浪费纳税人的钱财。

谎言 20:

银行,由于具有稳定的资金储备,因而更加稳定;然而,将投资银行、花旗银行和通用汽车金融服务公司(GMAC)变为银行控股公司更为明智。

投资银行,诸如贝尔斯登和莱曼兄弟以及美林银行、高盛以及摩根·士丹利等,统统比商业银行更快地受到了破产的威胁。据说是因为商业银行面对的风险比较小,因为它们拥有更稳定的储蓄基础,而投资银行必须每晚都依靠市场为自己筹措资金。正如我们看到的,投资银行的经营的确对短期的突击融资过于依赖了。他们每次突击借贷数千亿美元用以在重购或回购市场的运作。如果说,投资银行有什么地方出错,或者如谣传所说,它潜在的问题将要爆发,或者假如它们找不到足够的资金投放回购市场的话,或者假如回购市场本身面临暂时危机的话,那么这些投资银行很可能会在瞬间消失于无形。

相反,典型的银行拥有客户的储蓄金,构成它资产负债平衡表上债务一栏 50% ~ 80%的数量。这些储蓄资金中很多都属于偏长期的储蓄认证或者储蓄存单,票据到期时间从 3 个月到 5 年不等。

但是,商业银行储蓄更加稳定的真正原因是:商业银行的储蓄是由美国政府担保的。在此次危机之前,就有 10 万美元以上的资产是受到担保的。现在,每个账户储蓄有 25 万美元受到美国政府的担保。

这未必是好事。如果有人想要一个描述当前危机前景的较大画面,他或可争辩说,银行本身都面临更具有灾难性的问题;无论他们购买的资产或者他们进入的经营环境存在怎样的风险，他们都知道自己的储蓄基础永远不会丧失政府的担保。这也是陷入窘境的房利美和房地美所采用的思维模式。他们所有的借贷都有来自政府的默许担保。这使他们在自己的公司把负债杠杆比率抬高到100∶1来从事投机经营，买入次级抵押债权和二级抵押债权，而这些都是他们章程所禁止经营的资产类型。

因此，那种关于商业银行比投资银行融资能力更好是由于它们资产基础较为稳定的说法是不对的。假如你把政府的担保取消，银行就会按照银行该有的样子经营，假如他们不至于蠢到要坏了自己的前程的话。北岩银行(Northern Rock)，英格兰第八大银行，有一日发现，环绕该街区的储蓄者排起长队，一天之内提出了总计20亿美元的存款，极有效率地使该公司破产，使得政府不得不把它强制接管。

因此，我们有这种投资银行、汽车金融公司、消费者金融公司等，例如高盛银行、通用汽车金融服务公司以及花旗银行等纷纷经过重组并宣称属于商业银行的机构，因而他们的储蓄资金可以获得政府的担保。

我看不出这对我们的金融系统和我们的经济有什么好处。再一次说，关于此次危机，我们已经提到过主要的肇因，在这个例子中，由于政府对它们资产的担保，银行已经把自己扩张得面目全非而不再像银行，并试图以此作为解困于危机的一种手段，更是面临着道德丧失的风险。

我们将会在后面章节看到那些使我们陷入混乱的问题正在被所谓的解困手段放大。如，危机的一部分是由个人消费、商业消费和政府消费等方面的过度借贷（贷款利率极小）引起的。因此，今天，解决问题的方案在何处？近乎百分之零的利率是由美联储制定，戏剧性地增加政府借贷和政府开支、减税及更多的政府债务，鼓励每个更大的消费大户花钱消费，为财政刺激方案融资。

第三章

关于投资战略的谎言

谎言 21：

多样化是关键。如果每个人都持有多种多样的有价债券资产，市场和社会都会稳定得多。

即便你从经济院校只学到一条知识，那必定是：投资者永远要做多点投资，也就是多元化（或多样化）投资。投资者采用多元化投资，可使遭遇风险的可能性降到最小，使收益达到最大化。

一条假定的推论解释说，假如人人都把投资分散开，整个世界的总体收益将会最大化，而同时风险是最小的，那样全世界的状况会好得多。不过，真会如此吗？

对投资者建议更多元化的投资是因为整个投资的总量的挥发性可以由此而减少。但是，即便人人都遵循这个建议去投资，还是会有问题出现。

要很好地实现多元化，投资者就不能仅仅持有美国的每种股票，他必须持有世界各国的股票。另外，除了股票，他还应当持有所有类型的资产。还应当拥有商品资产、公债、房地产，等等，总之，所有世界上财富总量的一个百分比。

这样就为一个典型的机构投资者制造了一个难题。想象一家德国银行要把它的总投资充分多元化：首先，他们必须购买世界各地的数千种股票，再购买数百种各地各色的商品，然后再持有数千个地点的房地产。光是所有这些业务的处理费用就得把这家银行吞没。除业务处理费用而外，要实施这样的多元化投资战略,遇到的第一个问题就是,何以指望这家德国银行的一位投资管理者能够具备足够的知识处理遍布世界的所有资产及其价格。他办不到的。他知道,为了使当地投资多元化,他应当在美国抵押有价债券上投资一部分,但是他对美国抵押债券及其违约风险一无所知。这并不能阻止他还是购买该债券。有效市场理论使他获得很大安慰,因为该理论说,市场中所有资产和债券都是由市场本身恰当定价的,风险因素已经计算在内。换句话说,当你前去市场上购买 IBM(国际商用机器公司)的股票,你无需再做基础性的分析或者对 IBM 的考察,因为市场价格已经包含了所有最可靠信息和对 IBM 的最佳研究结果。

你可以看到,麻烦在进一步升级。如果世界上每个人都采用这种投资战略,他们最终会在投资那些他们全不了解的资产上完蛋,因为他们以为已经由别人事先做了基础性的调查和研究,这些先期研究必然业已证明那些都是良好的投资项目。即便他们想要,那些他们为了适当多元化投资而不得不持有的资产和债券数目也会阻止他们对每一项投资债券逐一进行详细分析。

这种多元化现象的一个自然而来的副产品,就是要诞生一整个新的中间人行业,他们被创造出来就是为了专门协助那些对自己所投资的资产一无所知的人分析那些资产。而这是我们早已领略过的情形。有专门的研究公司对世界上无数的任何种类的资产或债券提供大量信息,投资银行对他们提出价值意向,资产评价机构提供资产的评定级别,其议价基础是,假定你用不着对已经评定为三 A 级的资产再做多少细致的分析,等等。

另外,基金也被制造出来,用以在包罗万象的各种债券上投资。例如,德国银行投资经理或可决定投资一种基金,该基金在美国持有一大批商业房地产的所有权而不是那些具体的资产。可是,对那些基金和基金的基金的介绍要额外收取附加处理费,从而使这些投资成本更高。每年区区 2% 的业务处理费并不显得过分,直到你过一阵子才意识到,无风险债券的真实收益率仅有每年 2% ~ 3%。

如此之多的中间人介入投资决定的主要问题是,你直到最后都不知道究竟应当信任谁。当你的资产最后贬值,中间人的收益未必会减少。事实上,大多数这类基金管理者最关心的只是相对于其他同行的相对操作,而不是绝对尽心尽力为你的基金投资操劳。比如, 假如股票市场下跌了20%,我是一名投资经理,管理着一个资金库,而我这些钱只贬值了 15%,我会受到祝贺并得到酬劳,来年又会有新的投资到来。可是,假如你通过我投资了你的资产,你仍然会有 15% 的绝对损失。这种对相对收益而不是绝对收益的强调会鼓励经理们仅仅追随市场并对上扬的动势进行操作,在低迷时则采用买入并持有的战略, 并且把资产尽可能保持得与别人所做的一样长久。

但是再一次, 真正的问题还是在中间人——正如此次金融危机所证实的,完全是他们是否值得信任的问题。比如,我自己的产业管理人,我本人知道,我的目标是让这些产业的价值最大化,同时使风险最小化。但是我不知道,作为中间人,我的资产管理人奉行多元化投资战略进行经营操作,他是否也怀有与我同样的期许。基金管理者或许会竭力吸引资金扩充他们的基金总量,采用的是高超的相对性操作手段,只是绝不关心我要蒙受的真正损失。投资银行可能会尽力取悦他们公司的客户,对他们的新债券予以优惠价格。或者,投资银行还会出卖一些定价过高的资产,因为他们的主要投资伙伴正在倾销那些资产。

另一伙名声不佳的中间人——资产评级机构的代理,是由债券发行商及其债券合股人出钱聘用的,近年来付给评级代理人的费用直线上升,显然使他们见利忘义,浑然忘记给予资产三 A 级认证担保的真实意义何在。你或许会转而向商业银行寻求投资建议, 特别是关于多点投资的技巧,可是你会大失所望,因为你只会发现,他们给你的建议显然笼罩在他们自己的派生市场运作的阴谋之下。

很可能,多元化投资最有害的副作用,假如你可以把某种事物称作摧毁全球金融系统的副作用的话, 那就是——由于持有如此之多的公司资产和债券,又对那些不受司法管制的私人公司及管理部门无可奈何,投资者最后只能以自认倒霉而告终。假如我持有 1 000 支股票并且想要适当地进行多点投资,我哪有那么多功夫去对各股资产的管理者加以监管,才可以确保他们会从维护持股者的最大利益出发而尽力工作?

这方面最显著的例子,是关于对资产管理者支付的费用。人们惊异地发现,世界500强企业平均起来,付给他们首席执行官的酬劳是每年数千万美元,或者说,接近普通工人平均工资的350倍。自由市场的拥护者说,对公司高管的费用无需干预,因为那是公司董事会成员一致认可的。即便董事会应完全独立并代表持股人的利益,而由于每一个投资人从事的都是多点投资,每个公司最终会拥有成千上万的投资者。遵循多元化投资战略的每个投资者又都有数千个不同的投资项目,那么谁都不可能有须臾功夫去监管每一股投资相应公司的高管拿的是多少薪水。

然而这一现象只不过是全部问题的冰山一角。所有公司都会因无法监控和管理而最终完蛋,因为持股人根本没有时间对他们的投资进行有效的监管。大型公开交易的公司其管理的混乱是臭名昭著的。你只需看看美国汽车行业的大公司,他们管理的不良状况已经持续了40年之久,从未听说过他们曾代表股民的利益去整顿自己管理这回事儿。

市场上还有另外的事情足可证明问题的严重性。证据就是,私人产业公司竟然可以把公共交易公司化为私有,并使之产生比原先的公共交易公司高出许多的价值。这就有悖于我们所知道的金融行业常识,因为我们知道,公开交易的股票具有很大的流动性,而且对持股人来说,回馈率比较低。所有情况相同的背景下,假如你私人持有公开交易股票,你的私人投资人就会要求较高的回馈率,因为对他们较低的流动性而言,那意味着当公司的现金流不能改变,公司的资产就会贬值。换句话说,在其他所有条件均等的情况下,假如你把一个公司的资产变为私有,它的价值只会减小,而不会更高。可是我们在市场看到的却是截然相反的状况。私人产业公司对公共交易股票高价付费,收买相应的公司,然后对他们的投资者给予非常好的收益回馈,即便他们所买入的公司处于高度膨胀的价格状况。

在接下来的段落中你会注意到,我其实对自己的议论持有非常审慎的态度,以便使之具备"所有其他条件均等"的立论基础。当然,所谓的"所有其他条件"并非被大家保持在均等的状况。当一家公司变为私有,会发生什么——你排除了成千上万的持股人,减少资产所有权拥有者并使之归拢于个别业主,即:私有产业公司的业主。现在,业主可以有足以成功地监控公司管理人员的时间,从而确保公司的经营可以实现持股人的利益最大化而不是仅仅让管理层占尽便宜。庞大而散漫的公共交易公司变成了有倾向性的、吝啬的私人公司的战斗机器,它们可以为私人产业基金的拥有者创造巨大的利润。

这是我们这个奇妙世界上的真实例证,从中我们可以看到投资多元化的理论造成了市场效率和效益何等程度低下。没有人看守我们最大型公司的集体店面。我们已经把过多的中间人引狼入室——包括那些公司的执行官们,他们各怀心腹事,未必与我们让持股人利益最大化和风险最小化的经营意图一致——我们发现,现金流和利润并没有被最大化,资产价值和投资都受到损害。投资多元化的全套理论倒未必需要彻底抛弃,只不过需要做一下全面的修正。一个好的投资者持有的资产总量应当包括至多 20 ~ 30 种股票或资产即可,他或她可以对这些资产的经营保持近切和透彻的了解,可以监督管理者,使之确保其经营可使持股人的利益得到维护。中间人的使用应当尽可能地减少。

风行世界的信念——最为多元化投资可以导致投资收益最大化和风险最小化——显而易见是造成这场金融危机的一大肇因。当你洞穿它的内部去看,一名德国商业银行的投资经理根本没有站得住脚的理由去投资极其复杂的美国抵押市场有价债券,如信用违约债券等。他对那些债券和投资附加值一无所知。最终他只能以饱受惩罚告终。

关于多元化投资理论我还有最后一点要说。当世界各地的投资者都坚持从事最大限度的多元化投资,他们的资产变得越来越相互关联和相互缠绕。你看看这种充满戏剧性的相互交换信用违约债券的市场。投资者试图尽可能地将投资资产多元化,并且跨越数个机构以分散破产的风险或贷款者违约赖账的风险。于是他们最终创造出的是这样一个世界——任何大公司遭遇的贷款违约所导致的损失可能纵贯整个系统,乃至成为引发全面违约事件爆发的导火索,最后使整个金融体系陷入大灾难。

全球化显然加剧了这种资产的相互纠结。还记得泰国遭遇亚洲金融风暴、俄罗斯经济滑坡以及长期资本管理(LTCM)破产吗? 我前一本书的书名是《传染病》，当你看到金融危机是如何传染和蔓延的，以及它们在各国之间以及各种资产市场上的传播是何等迅速，你就开始理解何以多元化投资理论能够制造出如许的麻烦，而这些麻烦正是多元投资理论所谓的"风险控制"意欲解决的难题。

谎言 22：
低价买入—高价卖出是屡试不爽的经验，也是人所共识的投资战略。

当这种说法崭露头角时，它对投资者传达的实现最高收益的战策是如此显而易见和尽人皆知的道理，着实令人难以辩驳。这很像星期一早晨公司部署业务的经典方式。当我们回顾自己的股票投资纪录，我们后悔没购买那些处于低价期的股票、没卖出处于高价期的股票。这一战略本可以帮我们赚来大量钱财的。

当然，问题是，要在最恰当时机识别那些股票正处于高价段还是低价段，早了或晚了都不行。但这几乎是不可能的。为证实这一点，举出5支你认为当前处于高价段或低价段的股票为例来看看。我会猜想，再过6个月你自然会被证明：每个例子都是错的。

识别股票价格高低的困难之处在于，你需要选择的是曲线的回折点，也就是拐点；你要识别的是最确切的出现拐点的时刻，此时，总体性的股票价格升势开始向下翻转，或者价格降势开始向上翻转。一个序列的股票可能要在20天里交易完毕。想象一下，想要预料出第二十一天那只股票价格将会开始走低，是何等困难。不用说在未来几年，就是在未来的一两个星期，准确预料价格走势也是不大可能的。

有很多次，股票每天交易完毕之后，价格走势发生停顿，交易量平平甚至会稍微下降。此时人们以为那就是价格峰值或拐点，很容易做出错误的决定。通常的情况是，在一个短暂的停顿期或者些许下滑之后，股票价格又重新向上攀升。假如你已经卖掉了手里的股票，无疑错过了这额外的增值机会。

在随后的技术性研究和有关投资的探讨中,我们可以看到,关于股票价格趋势的历史性纪录中没有多少新信息不是具体体现在它的价格上的。如果股票投资那么容易,比如,可以购买那些具有历史性上涨趋势的股票,预期它们还会继续上涨,那我们都能变成亿万富翁了。

事实上,股票很少有真正的所谓趋势。还要说,看看历史纪录或个人股票标示图,股价曲线总是有很多平滑的、上扬的或下降的时候。但是一个整体随机性模式所显示的将会是同样的稍微上扬或者稍微下降的样式,似乎可以算是趋势。请记住,随机分布并不是以首、尾、首、尾、首、尾、首、尾、首的样式呈现的。相反,随机分布看上去就像三个头接着两个尾巴又接着四个头接着一个尾巴再接着一个头再接着六个尾巴,这种样子。其后你会发现,随机生成的忽高忽低的一串数据,除了从定义的角度,这种数据随机排列的情况,实际上并没有真正的高或低可以预计。

以我个人的看法,有很多理由可以说明股票市场并不完美,而且充满泡沫和残损。由于这个原因,我会慎重考虑自己的购买决定,尤其是那些股票市场相对于一个主要标准——比如收益,似乎被戏剧性地低估了价值的时候。再过一段时间,股票市场看起来又在大约 6 倍于税收和 2 倍于收益之间的空间来回震荡了。假如股值低于收益的 1.0 倍,我会大量买入;当股值高于收益的 1.5 倍,我会大量卖出。我利用收益而不是净赚来做比较,因为如果经济周期性循环和出现泡沫,净赚本身有太大的挥发性。

谎言 23:
股票市场将会很快反弹到危机发生前的水平,经济总体上也是如此。

如果你打开有线电视,随便看看金融方面的消息,你会听到民间人士的没完没了、冗长而枯燥的唠叨,说他们自己是如何试图估计出这个市场的低谷。一旦到达低谷,估计市场就会开始反弹回这场金融危机之前的交易状况。

事实上，如果你回顾一下美国历史上的若干次衰退，就会明白，此次的情况几乎完全一样。经济衰退可持续几个月甚至几年，但是股票市场最终还会反弹回衰退前的水平。因而，成功的投资所要求的就是准确判断真正的谷底，因为一旦你知道自己是在谷底投资的，你就会在股市反弹回"更正常的时候"大为受益。

可是这次经济衰退非同寻常。如同史上的大萧条，它先有非常显著的泡沫出现于居民房产业以及世界上许多其他类型的资产。房价，开市场混乱之先河，或许会在某一点停止下跌，但它不可能再反弹回他们先前的价格水平。银行不会重新开始以 10 倍于人们综合收入的标准放贷，相反，他们会要求人们严肃地交纳首付款、有效信誉报告、收入证明，并且更为适度地控制贷款数量，以 5 倍或 5.5 倍于夫妇收入的量级放贷。如果银行借出的贷款少于他们从前借给买房者的贷款，那么住房价格就会下跌——除非购房者愿意支付大笔现金，不过我很怀疑有人会那么做。

抵押市场、助学贷款市场、信用卡贷款消费市场以及购车贷款市场，所有这一切都要依靠有人建立一种有价债券流通载体，如抵押信用违约债券之类，使之得到三 A 级信用认证，才能哄骗长期投资者来做这种危险的投资。这种游戏的终局已过。我看不出还会有谁愿意接受债券信誉评级事务所做出的三 A 级评价报告并以此为根据继续从事复杂的债券投资。银行和金融业通过抬高负债衡平杠杆——负债数量可达资产总量的 20～25 倍——为它们的股东们创造出巨大的收益。现在他们必须把负债衡平杠杆调回较为合理的水平。在这个负债／资产水平的运作下，他们不再能创造出先前那样惊人的收益反馈。

中国及一些新近冒出来的市场一直仰赖美国和欧洲的负债融资消费。时至今日，他们会发现，自己的经济增长必将显著减缓。甚至连制药和保健品公司，本应获益于美国的老年人口，而今只要美国人花在保健市场上的钱数减少，必将受多方面的限制。

没理由相信股票市场还能反弹回危机前的水平。危机发生前，人们的收入总量很高，公司总体的收益处于空前巨大的状态。而这场危机将是漫长而令人痛苦的,GDP 将真实下降,私人公司下一步的增长前景也不容乐观。

危机后的股票市场不会呈 V 形反弹,倒是会持续一个 L 形的走势。我们将面对一个较为正常的价格水平,而且会维持一段较长的时期。请记住,危机发生前,GDP 增长量中很大一部分都是由个人的、公司的以及政府的大量消费产生的,而这些消费都是靠不断增长的借贷支撑的。现在,不仅还存在着借贷消费的状况,而且危机前过度借贷形成的大量负债也需要偿还。从 GDP 中除去负债融资消费的数量,并且假定政府会适度地控制支出,那就意味着 GDP 或许会被过高估计了 20%～25%。危机后的世界需要许多年来适应低水平的消费和低水平的 GDP 增长,股票价格也将受到持续多年的低迷经济形势的影响。最后,可以盖棺定论的是,从人口统计学的角度看,那些出生于生育高峰的人口很快面临退休,即将脱离创造性劳动大军。我们不仅要失去他们的生产力,而且,他们自身将不断衰老,需要越来越多的国家资助以满足他们的退休和医疗保健方面的费用需求。这对我们的经济来说,不能算是一个好消息。

谎言 24:
一个购买并持有的长期投资战略会带来高超的回报,这比草率地在萎缩的市场上抛售好得多。

2007年11月,股市接近了它的历史最高纪录,交易点几近 14 000点。我在肯塔基老家我父母居住的镇上,跟 200 个投资人切磋了一场。我告诉这些投资者,股票市场当前典型地开始上扬,而后,在经济危机的风雨来临之前倾销出去。这次的情形,无论是何原因,灾难性的经济时期已经在房产市场、抵押品市场、建筑市场和银行业界初露端倪,只不过股票市场还没有开始倾销。

我告诉那些投资者,这简直就是股票市场赠送给他们的圣诞节礼物。股票市场正在给予这些投资者一个极好的机会,可以在公司集团赚取大钱又令股票价格下跌之前全身而退。

随后我又花了一小时,讲解未来的经济衰退会到何等严重的程度。我总结说,即便他们不相信我的预测,他们继续持有普通股票也是全无意义的,尤其是未来发生严重经济衰退的可能性是不容怀疑的,经济环境和股票市场都不可能继续上扬。正是从避免遭遇危机出发,他们应当把资金从股市中撤出;而他们显然并不知道未来的经济走向,而且他们只需看看当时的报纸就能了解到,经济低迷的风云已经显著聚拢,形成了真正的威胁。

从下面这个小插曲,你可以想象我当时惊讶到何等程度:我的两个表兄弟,路易斯维尔的两名律师,会后找到我,先是就我对经济低迷的预测恭维了我一番,然后告诉我,他们不准备卖掉手里的任何股票。理由呢? 他们说:他们属于那种买了股票收着"作长线"的投资者,他们相信:一听到坏消息就抛出的话,不仅卖不了好价钱,尤其会使他们失去未来股票反弹后的大好机会。

如果你参考一下美国股票市场的历史纪录, 我两位仁兄的投资战略显然不可谓不成功。理由很简单,美国一直是世界经济的最大赢家。你查查看它的历史纪录,每次股票市场滑坡后都会反弹回来。但是,历史上如此未必意味着它永远如此。

假如你成长于美国之外的另一个国家,你可能就会看到,事情并不一定总按照一个路子发展。有许许多多的实例证明,很多国家的股票市场下滑、货币疲软后,不仅没有反弹回去,而且还继续恶化,直至整个国家经济崩溃,无法偿还所欠债款,最后赖账了事。因此,我固然不能肯定我表兄的长线投资战略一定不灵,明眼人则一定会认为那是极不可靠的。当然我们希望美国不要因为这场危机而走向破产,不过,这并不意味着股票市场不会贱价倾销并且在很长时间内维持原状。如果股票市场在未来10年间一直保持在6 000~9 000点范围内交易,你肯定庆幸自己没有买入和收存这样的股票,情愿把手里的卖掉,把资金投在其他在未来可能有较大升值空间和收益潜力的资产上去。

我相信,即便在当前道·琼斯股市低迷的情况下,美国股市投资还会有太多的进一步下降的风险。我不能想象自己会在任何其他国家投资；从作长线的角度来看，或许中国是个例外。这意味着未来 18 个月到两年的时间里，最好的办法是把你想用在投资上的现金牢牢守住，或者还有短期信用债券、抗通胀国库券（TIPS）及黄金，这些也可以先收着。关键是，在经济低迷期，不要指望你的资金可以用来赚取异乎寻常的高收益，重要的是先把你的钱拿回来。比较理想的是，你情愿把资金收拢回来并且使它的购买力得到保护，不致受通货膨胀影响。由于世界上有些国家可能通过印制钞票来刺激他们的经济，可能再度激起通货膨胀，因此，投资于短期债券、抗通胀国库券和黄金显得比较合乎逻辑。

谎言 25：

花费不太多的钱，在一个阶段进行小批量购买，是一个获得良好收益而又不必承受过大风险的办法。

你通常会从股票经纪人、投资顾问甚至像吉姆·克莱默这类电视访谈人物那里听说这种投资策略。这种策略可概括为：如果你对某项特殊投资没把握，那么与其投入全部资金，比如说一万美元，不如仅投资 1／4，也就是 2 500 美元。其后，假如你错了，那么股市交易继续下跌的话，你的下一个 2 500 美元可以投在价格有可能看好的股票上；假如股市进一步下跌，你可以继续再投入 2 500 美元，直至你的一万美元陆续投资进去。

把投资分段操作，你可以成功地限制损失，使之比起一次性投入一万美元的损失要小得多。但是同样，你的投资基数也小得多，你的总投资价等于你所有那 4 个 2 500 美元投资的股票平均价，比起你一次性投入一万美元来说，可能单价就较低。

当然，经济学领域也没有免费午餐这种事。但是，不采取一次性投资一万美元的策略，你也可能失去机会获得大的收益，因为那一支股票说不定一路上涨。从 2 500 美元起步，那么你的一万美元在这机会上就只有 1／4 起作用。

假如一万美元作为你在这种投资策略下的投资总量，你将只利用25％的投资资金。假定另外那75％的资金都以现金形式保留，就算现金收益，那么混合起来计算，你有25％资金在股市上和75％的现金在手里，如果股票攀升，你的收益就很可怜。

另一种方式来看这种投资战略的荒谬之处，就是看你用每一笔2 500美元所做的投资。假如这种策略是明智的，那么为什么不把每一个2 500美元再分为两段，以每一笔数额为625美元的资金去投资？这样就更能推迟把2 500美元都一下子投进去，就像你把总数一万美元分批投入一样。你可以看出这种策略引导的方向。假如这种战略有意义，你不是按照意愿在股市上投资，而是在一个相当长的时期内进行分散的小股投资。这样做有什么优势？

你永远不会在一个特定的股票上投资更多，而实际上你可以承担那样做的风险。可是，如果你喜欢某项股票，你又作了周详的分析和研究，然后当时机适宜的时候，就该买入那支股票。如果你认为最好还是等一等，那么很好，先不做投资，等到你自然觉得时机成熟。但是按照上述思路，你用压条法在一个长时期内分散投资，不是好办法。预知利润机会，假如市场增益恰好与你的成本节省相等，那就意味着人们在他们有创造力的时候拼命节省，然后又在退休以后大力消费。

谎言 26：
生命周期投资意味着人们在自己有创造力的年份储蓄，在退休之后消费。

这正是让米尔顿·弗里德曼成名的论点，他写了不少有关"投资的生命周期理论"的文章。可他说得对吗？

当然，看看美国近10年的状况，这一理论似乎不大站得住脚。美国人每年的储蓄越来越少，现在，储蓄率在美国是负数。直到最近，我们整个国家之内，基本上没有储蓄这种事情出现，民众的消费的资金也一直高于收入资金,因此,这种负的储蓄使大家的负债一路攀升。曾经一度,这种现象可以解释为迅速上升的房价造成的影响。人们开始感到自己用不着储蓄了,因为他们的房屋价格上涨得如此迅速。房产不仅变成了他们的 ATM(自动取款机),从中他们可以随时取出现金用于购买其他商品,还变成了他们的退休计划。令人疑虑重重的是,这种储蓄的严重匮乏偏偏发生在美国的一个特殊时期,此间,大多数美国人失去了他们有限的福利退休金。仅有 10% 的美国在职员工现在享有有限福利退休金,比原先享有这项福利的人数的高峰期数字下降了 60%。这意味着许多人都依赖有限的退休金预留计划如 401(k) 以及社会安全保障体系来支付他们的退休金。但是美国如今已经不再对 401(k) 投入多少资金。401(k) 平均数量已经少于 5 000美元。正如我们将会了解到的,社会安全保障体系行将破产,而且未来将没有能力为大量的退休金支付提供资金。医疗保健的成本正在暴涨,然而美国人并没有为自己准备好充足的储备金用于进入老年期之后的医疗保健支出。

在美国,人们不仅没有储蓄,而且还流传着一种怪诞的说法,说老年人正在用自己的储蓄消费。事实上,老年人的资产是在持续上涨。年龄超过 65 岁的老年人名下的房产大多属于价值约在 27 万美元左右的资产,而这个数字也一直随时增长。代之以在工作年龄储蓄以及在退休以后消费那些储蓄,美国老龄人口的储蓄还在增长。这就应当拉响警报铃了,因为美国的经济基础已经全然乱了套。这就好比,像中国那样的国家,储蓄起40% 的创造收益并把它们借给美国这样的国家来消费,很没有道理;同样,年轻工人一点也不提前为退休做预留储蓄,反而把 13% 的工资拿去给那些自己的储蓄还在增长的老年人消费,也是完全不合逻辑的。年龄介于20 ~ 40 岁之间的美国劳动人口拥有的平均储蓄额不足 3 万美元,可是他们收入的 13% 却以社会安全保障费的形式花在老龄人口身上,而老年人平均有 275 000 美元的储蓄。

如果年轻的创造性工作者经济上承受这种惩罚,他们就没有能力再进行储蓄和投资,而你也不可能拥有健康的经济。这个国家的创造性产出都被老年人占有了。不同年龄层在财富上存在如此戏剧性的巨大差异,对美国不可能有益。事实上，年龄超过 55 岁的老龄人口控制着美国近乎 85% 的财富。

　　社会保障体系和总体经济都需加以改造，这样年轻工作者才有动力努力工作，并提前为退休做好资金储备，还可以为了自己国家的未来投资。简单地把他们的财富转送给老年人而不为自己的退休做储备,显然不可能鼓励健康而富有活力的经济发展。

谎言 27:

技术分析包括制作股票历史价格图表,它对于识别购买机会或者认识关键抛售信号都会很有帮助。

　　所谓技术分析无非是参考一段特别的股市历史价格运动图表，看看是否你可以发现该股票的特殊运动模式,从而帮助你预测它未来的走向。技术分析的语言非常复杂,但那是一个人可以做的基础研究的最低形式。假如股票显现的是天天向上的趋势，一个技术分析家或许会建议你购买这支股票,并且搭乘这支股票的动势。但实际上这样投资股票并不是总能成功。随便哪个三年级的小学生，都可以把那些股价排布点用线串联起来,画出它的走势曲线。假如一个公司的资产预期每一天或每个星期或每年都能有所增加,你不能指望股票也会循着一条向上的曲线逐渐增值,你能看到的是股票的跳跃状态,反映的是未来繁荣度在当前体现的净值。一旦股票价格跳跃并反映了未来可能利好的预期，它就没有理由再发生进一步的上扬。因此,假如你见到一支股票趋势上扬,那很可能是一个幻象。它可能是随机状况导致的，如同随机数字总会在一段时间内有升有降一样。

　　当然,有出色的后见之明,便可辨别投资成功的股票实际上在很长一个时期内是有上扬趋势的。可是我们同样可以在事后看出,那些股票也在一段时间后下降。诀窍就在于成功地区分开它们,不是在事后,而是在这之前。Google(谷歌公司)或许是一家很好的公司,拥有很好的经营计划以及赚取利润的大好前景，但这并不意味着它的股票价格一定会在未来走高。它的股票价格已经反映了所有的利好消息，当你以它今天的价格购买它的股票，显然它同时存在着两种可能性——未来的价格上升或者下降。

类似的是，当一个技术分析家建议说，他已经看过某家公司股票价格的历史纪录并且确定存在着对特别低价时购买这家股票的支持，他还另外做出说明：这支股票不会再攀升到历史纪录的那种水平。他所做的这一切，与点数一杯茶水中漂浮的茶叶个数毫无二致。他所说的，换言之，就是：在股票价格较低的时候，有一伙投资人准备购买这个价位的股票，并且将支持它。但是他实际上对此时并不清楚。他无非是在编造一个引人入胜的故事，这个故事的灵感则来源于股票价格的历史记录表。

你仅仅需要阅读一本简单的介绍制表或技术分析知识的书籍，或者听听技术专家讲述的有关市场的常识，借此你就可以了解到，那些顾问的所有建议是何等狗屁不值。我情愿给予技术制图师的一项最终检验是：给他看一幅当前真实股票的所谓股票历史记录表，让他预测一下未来会发生什么。我们接着就可以对比他的预测，看看那些预测是否具有真正的价值。

另一个有趣的实验将会是，让一个技术分析师看一张在一段时间内随机分布的数据流程图，并且告诉他，那就是某个公司的股票价格记录表，看看他能对未来预测出怎样的结果。我敢对你保证，即使是在那张随机数据图上，他也将开始看出曲线的头部、肩部以及并不存在的未来发展趋势。还有更现代化的理由说明，为什么金融专家们相信股票市场会显现出一定时期的发展趋势。他们相信，非常大型的投资机构由于规模如此之大，因此当他们决定在一个特定股票上投注一批资金的时候，他们肯定要跨越一个时间段来完成，从而使之不会戏剧性地影响股票价格。我可以告诉你我的经验之谈，华尔街就有非常复杂的过滤程序，利用切缝技术去尽可能地发现任何投资的每周趋向模式，当他们发现了真实动向，他们会立即对发现的成果进行套利交易，并使之消失。不借助复杂的计算机数据分析系统，个体投资者能够及时发现这种潜藏的趋势，这是很值得怀疑的。当然，仅凭一张图表和激光指示器，技术制表师是看不到这些潜藏的趋势的。

谎言 28：

在投资前，与长期从事投资事业的资深金融顾问商议，将有助于你在未来很长时间内避免损失大量金钱。

有许多专业人员的范例，诸如内科医生、牙医和律师，等等，他们一生都在努力工作，然后把一生工作收入的积蓄交给股票经纪人去投资。这个世界已经变得更加专业化，因此，假如我们发现非常出色的医生和律师对金融知识和股票市场一窍不通，那一点也不足为奇。

他们以为，得到专家的建议就能确保他们的投资成功。不过，有效市场的第一条规则就是：没有人能够打败市场。很难遵循股票经纪人的所有投资建议，除非他们已经做过专业研究并且其水平相当于专门的研究部门所认证的水平，而且，人们也已发现那些建议实际上毫无价值。一段时间之后，购买银行的研究部门推荐的股票也不会获得任何异常出色的投资收益。

与此类似的一项研究，其中所有吉姆·克莱默的投资建议都被严格执行，结果显示，他本人在市场上也没能做得更出色。

最后，一个关于所有共同基金的研究显示，总体上看，他们同样未能在市场上大胜而归，收获的也无非是他们的那点酬金。相似的是，看起来，世界上超过一半的对冲基金都将在当前的金融危机中破产，而且，在针对所有对冲基金的风险进行调节之后，也并没有见到异常的收益反馈。私人资产公司，例如黑石（Blackstone）和堡垒（Fortress）的普通股票价格都下跌了 70%～80%。

如果说，没有人能够战胜市场，那么每年付出 1%、2% 或者 3% 的费用去换取毫无价值的咨询，就是非常不明智的了。还不如这样：大多数人都把自己的钱投资到通行的指数基金上去，如"先锋"，它的费用很低，而且与整个股票市场的总体收益率是相同的。

如果你不想把自己的钱投入通行的指数基金，那我可以推荐你选择 20 支你有理由相信属于良好投资的股票，买入并暂且保持之。但是你在每一股上投资都应当有很好的理由,否则你最好不要进入股票市场。如果对某一支特定股票没有什么想法,也没有什么特别的信息说明那支股票的价值被低估了,那么你在股票市场上投资,就纯属浪费时间。正因为股票市场在过去升值了,并不意味着未来还会升值。或许你受到主流影响后的见解是,与其他国家相比,美国将在未来会越来越好,而且,你也的确相信这一点,那么或许收存一种广义指数的美国股票会比较明智,即便你对私营公司股票估价并不太了解。

当然,即便在一个所有对冲基金及所有共同基金平均而言在市场上都表现不佳的世界,每年也都会有个别的操作者胜出其他同行。但是,如果说历史上的投资操作可作为未来操作的预测指南,这是不对的。最近的股市崩溃暴露出一些被认为是了不起的、已经有 20 年甚至 25 年投资经验的大师级人物,由于此次金融危机,他们的整个基金全军覆没。如果你愿意在金融市场上顶着非常严峻的危机下赌注,也很容易制造出出乎意料的收益。人们将乐意付钱担保你抵抗这场危机。可能每年都赚大钱,就像 AIG(美国国际集团),但如果危机发生,你将走向破产,也像 AIG。

当通货膨胀每年达到 10%~15%,资产总量也应以 15%~20% 的比例增长以保持税后的平稳数量。人们必须习惯于缴纳 2%~3% 的资金管理费。但是在一个通胀指数为零的世界上,一个每年 3% 的收益就可以算是非常好的真实收益了,而且还要给你的金融顾问 1%~2%,作为对他那显得非常昂贵的建议的报酬,实际上那些建议很难谈得上有什么真正的价值。

第四章

关于股票投资的谎言

谎言 29：

长期而言，股票会胜过有价债券，假如你不在乎这期间发生些微的资产挥发就行。

我无法告诉你，过去数年间有多少次我听到这种老生常谈，说什么长期股票要比公债好得多，只要你不在乎在收益上稍微有一点挥发就行。

对于股票与公债的差别，上述说法完全是无稽之谈。不错，股票比公债更有挥发性，但是金融领域没有那种显示，即：因为它们更有挥发性，它们就一定会在远期有更大的利润回报。金融理论是说：因为股票具有更大的挥发性，人们就会从中要求较高的预期收益率——这句话里的关键词是"预期"。由于股票有较高的挥发性，实际结果可能会围绕这个期待的操作成果存在较大范围的变动。

许多人引用这种理论，试图劝说年轻的美国人在当今的股票市场上投资。相关的争论实际上也围绕着这一目的。那么，我今年58岁，计划在7年之后退休，因此，市场交易短期内的下降，很可能对我的收入储蓄产生影响，而我将来退休后的生活又指望这笔储蓄。而是你就不同，一个 20～30 岁之间的年轻人，尚不致迫切地需要储蓄。对这种股票市场的暂时低迷，你大可以抵挡一阵子，等到它恢复正常，你再为退休生活而未雨绸缪，也来得及。那时候一切都尘埃落定，水落石出了。你看，从长远的观点看，股票永远会比国债略胜一筹。

在股票市场上下赌注,而不是收存国债,这有点像抛掷硬币来猜测自己未来是否能发财。假设硬币的正面代表股势上扬,背面代表股势下跌。当然了,假如你距离退休还有 5 年或 10 年的时间,你当然不想看到你在股市中的大量资产面临巨大风险,因为硬币落下,很可能背面朝上,抛掷一轮连续 3 次被面朝上都是有可能的,由此你将看到自己的生活储蓄金有可能消失殆尽。

对于一个年轻人来说,开始可能会出现 3 次硬币背面朝上的事情,但是随后可能就有 2 次正面朝上,接着一个背面,再接着 2 个正面……从长远起见,你可以期待股票市场将达到较高的期望值,远远胜过购买国债的收益。

但这一切并无保障。这就是为什么把它称作预期收益。世界上有许多国家,也就是有许多个硬币的正反面,也会有一些股票收益不如国债的情况发生。当然,在一个处于稳定的高增长的国家,这种故事毫无吸引力;倒是那些被别国夺取了世界主导地位的衰退中的国家, 这个故事自有别样的魅力。不过,如果这正是美国所面临的局面,我并不认为这种局面会姗姗来迟。我想,它必将到来,就像其他消息所说的,会来得相当快。

今天,美国估计有 11 万亿美元的负债,从 8 年前的 5 万亿美元负债一路涨起来的。但是,真正的数字恐怕要接近 18 万亿美元;如果保尔森和伯南克投放到市场上、用于拯救危机的所有资金都计算在内的话,负债数字甚至会达到 24 万亿美元。再说,还有另外的 30 万亿美元的非抵押债务发生于社会安全和医疗保险的需求。因此,8 年前宣称的 5 万亿美元负债到了今天或许会变成一笔接近 50 万亿美元的债务总量。对于一个 GDP 为 14 万亿美元的国家,其 GDP 在近期就很可能要缩水 10%,你可以轻易描绘出这里大致的景象——外国放贷者很可能马上停止借钱给美国。如果这种事情发生,不仅美国人被迫在经济衰退中期就赶快开始储蓄,而且联邦储蓄委员会也不得不开始印制钞票,并立即用它们来付账,通货膨胀会随之而来,它会严重损害国家经济并且导致股票市场进一步衰落。因此,从长远观点看,股票胜过国债的预期是没有保障的。而且,假如你相信美国当前的金融困境和经济衰退将会持续 8~10 年的话,那么连年轻人都不应当在这种市场上投资了。即使他们要做的是 40～50年的长线投资,为什么要接受那种投资前景中第一个 10年的负值收益呢? 事实上,如果真要做,那他们也很难计算出到哪里投资才能收获到未来自己退休后所需的足够资金。

谎言 30:

股票市场崩溃在当今是不可能的, 因为市场是有效的; 他们根据所有相关信息适度合理性地规定价格,使得某一天突发大规模的动荡几乎不可能。

我的商业专科训练来自美国加州大学洛杉矶分校的安德森学院,那是一所忠实传承芝加哥大学关于市场效力理念的学校——它认为, 股票是由市场恰如其分地定价的。而且,总的来说,我相信这是真的。每星期这个世界上都有一些学者发表一些研究论文, 竭力宣称市场的效力是有限的,在决定股票价格方面,人类行为比市场逻辑更为重要,人类自身的弱点能够反映在股票的价格上,或者说,市场过于屈从每一个真实人类的情感,比如惊慌和恐惧。云云。

笼统而言,我对这些发现持怀疑态度,因为我认为股票市场几乎永远恰当地反映那些潜在公司的真实价值和收益潜力。对那些攻击市场有效性的说法予以揭露和反驳的文章也不在少数。

股票市场也的确干过几次傻事。当然,两次最近的案例是高技术股票兴隆和房产价格疯长。从某种角度说,高技术股票兴隆对有效市场理论威胁更大,因为它影响到公开交易的股票与主要股票的兑换,因为它流动性很大而且非常复杂。相比于凤凰城的房产在某一时期的超高价格,高技术股票事件对有效市场是一种更要命的控告。当凤凰城的房产市场具有相当大的流动性,全世界的股票兑换都远没有这个市场的复杂了。

当然,事过之后人人都明白了:并非所有高技术公司能与 Microsoft(微软)或者通用汽车公司那么值钱。但即使在高技术盛极一时的情况下,把如此庞大的资金投向高技术公司也是十分荒诞的举动,因为实际上,那些高技术公司也面临巨大的产品退化的风险,经营状态并不容乐观。技术创新之所以速度很快,其实意味着即便当今市场上占主导地位的企业,比如雅虎,也会很快受到新技术和即将出现的新公司的威胁,比如 Google(谷歌)。事实上,这也是我之所以认为 Google 被过高估计的理由。他们目前处于主导地位,不仅在研究,而且在网上的宣传和广告方面都有很大优势,很快就会使传统的报刊和传媒破产,况且他们的价值估算似乎也预示着他们将长期持续经营下去。

我们应当记住,普通股票的价值体现的是他们所有未来发散给持股人的净值总和。毫无问题,Google 将在短期内赚取数量可观的收益,而且也将慷慨地让持股人分享他们的收益。而问题是,对 Google 来说,要维持给持股人足够的投资收益进而使当前的股票价格可以令人接受,他们需要维持多长时间的经营?难道就不会出现另一个带着新攻略的"Google"之类的新公司,使前者陷落和破产吗?

1999年,我注意到高技术公司依靠他们网站的标题广告为他们的公司制造现金流。但是标题广告成本,发布 1 000 条标题广告,每次只有 5 美分。这就意味着,价值 100 万美元的广告预算需要的业务量是 200 亿条。高技术公司依靠广告收入作为收入来源不可能满足其数千亿美元的价值需求。我在股票市场上见到的无效性,尤以房产市场 2008 年初开始下滑为据,当时其状况在许多观察家看来,房市崩溃的趋势已经相当明显,银行出现抵押资产上的严重问题,甚至银行自身也受到了威胁。尽管各路传来这些信息,股票市场依然围绕在 14 000 点左右继续交易。在我看来实在是荒诞不经。我没有见到各种公司、经济体或股票市场的盈利上限,而下限是,股票市场将很容易下跌到 6 000 ~ 9 000 点。况且,股票市场在 2008 年大部分时间都在围绕 14 000 点交易。我不能肯定为什么会出现这种局面。一部分人评论说,几乎所有在股市中的投资资产现在都掌控在中间人和代理商的手里,而他们经营的是共同基金、对冲基金,还有另外一些人的资金。很可能,这些中间人对他们在股票市场上的相关操作更感兴趣,赚你那点钱倒在其次。最大的玩家恐怕早在 2008 年初就把自己的钱从股市中撤出了,因为他们嗅到了危机的气味,知道自己有可能在市场上亏本。经营各种基金的代理商或中间人,才不在乎是否会亏本,因为运转中的钱并不是他们自己的,那是他们客户的钱;他们的意图恐怕只是停留在市场上,只需确认他们不会失去意外好转的机会,或者不会发生对他那些针对其同行的运作的损害。这就可以解释,为什么近期历史上每次发生股票轻微上涨,市场上的购买兴趣似乎都会被刺激起来,因为这些资金的管理者唯恐失去股价再次高涨的机会。由此导致了挥发性的快速增加,因为资金管理者必须在市场上跳进跳出,在同行抛售股票的时候抓住向上的动势,避开下滑的势态。凭着这种精明的动作,他们本可以在局势不稳的时候完全逃离市场的,但还是同样,这些资金管理者接受酬金,就是要在股市上从事充分投资的, 因此他们的行动也并非完全出自他们各自对市场的判断和选择。

我本人也面临着左右为难的局面。我由衷相信的是,股票市场是非常有效力的,它所接受和处理的信息不仅来自公开有效的股市相关信息,甚至还包括很多不公开的信息。我相信有一些华尔街上的大玩家,特别是经营对冲基金的大家,都是靠内部信息从事交易的。同时,我也惊异地发现市场竟然这么容易受到高技术兴隆和房产兴隆的愚弄。如果我是对的,这就是另一场关于摆脱中间商、转而让民众用自己的钱自行从事投资的辩论了。如同米尔顿·弗里德曼所关心的,由政府来替你们花钱,我所关心的是,中间商,如共同基金和对冲基金管理者用你们的钱去投资。他们会向你们担保说,他们会替你们照看好你们的投资,但是最终真相大白的是,他们照看好的永远只是他们自己的利益, 把更多的钱吸入他们的基金库里去。

谎言 31：
要在处于垄断地位的大公司身上投资。

吉姆·克莱默常在他的电视节目上说, 他要照看那些占据垄断地位的、在市场上拥有垄断权利的大公司。他才不管垄断行为对社会有好处还是有坏处，他感兴趣的只有一件事，那就是帮你赚钱——也就是说，让他的听众赚钱。他知道，如果公司建立了垄断地位，他们就能在他们的产品、服务或随便什么东西上赚到钱，并且产生出长久持续的、健康的利润和现金流，在市场上所向披靡。

如此，在电视上所做的最受欢迎的金融咨询秀，正在建议我们去市场上寻找那些具有垄断地位的资产股票并且向它们投资。事实上，这与建议哈佛商学院以及其他商科学校对他们学生灌输的信条没有多大区别。他们建议说，经营最好的公司是那些建立了垄断地位的公司。他们推崇的是，能跟你竞争的人越少越好；你在市场上的霸主地位越稳固越好。许多建议，就像杰克·韦尔奇在通用电气所做的：你控制住头号或二号的市场占有率，你就做生意；否则就退出算了。而且这总是灵验的，他们说，去找那些市场占有率高度集中在两三个玩家手中的行业，对他们的公司投资。

道理很简单。如果一个特殊行业的市场占有率高度集中在两三家巨头的手中，你可以很容易地跟你的一两个竞争对手达成协议来把价格固定下来，而且不在价格上相互竞争。你用不着半夜三更与你的竞争者通过电话磋商；你可以轻而易举地通过市场专家在市场上喊价来直接做生意。简单地说，如果你的一个竞争对手决定销价，你作为定价的龙头老大以及市场份额最大的占有者，你可以更随意地砍价。这是个针锋相对的游戏，其中，所有的竞争者很快就能学会不在价钱上彼此竞争。因此，金融顾问做得很成功，甚至我们一流的商科学校都在推荐我们寻找那种处于垄断地位的公司去投标。而我发现，这一套纯属胡说八道。

垄断是非法的。有一种解释足以说明为何垄断是非法的。他们逃避传统市场机制——即：获得利润要靠提供相应价值给消费者，相反，他们靠过度倾轧消费者的资金实现利润。假如人人都像垄断者那样操作，消费者、竞争者和经济总体都会变得越来越糟。因此，告诉某些人投资于垄断地位上的公司，基本上就等于告诉他们去做某种非法的事情——依靠另一些人的非法勾当获利。这就等于在说：问什么不在那家公司投资呢，他们靠贩毒挣大钱呢。这还无异于在说：投资那家公司吧，他们圈住了偷来的货物,能换来大钱。公司产生现金流并不等于它必然是一个好的投资目标。

当然,你总还可以争辩说,只要你在这些垄断的大公司上投资,总的经济状况毕竟不大可能发生实质性的恶化。但这样做是不公平的。你必须问问这个问题,假如人人都这么做,那会怎么样?事实上,如此之多的投资顾问和专业人士都在推荐对垄断公司投资,那么所有人都去如此投资,就不是什么不着边际的想象。

对这种假设的回答是,假如人人都去对垄断公司投资,垄断公司就不再缺乏资本,就会受到鼓励,继续从倒闭的诚实无欺的公司、希望靠产品质量和价格在市场上与之竞争的竞争者那里以及从消费者身上盗取更多的利益。通过投资垄断公司,你实际上在帮忙摧毁我们的自由市场体系。你在奖励他们欺诈和惩罚那些希望公平游戏和竞争的、试图用较低价格把最好的服务提供给你的诚实公司。

这就是自由市场资本主义遭遇的最大问题。在这个集体行动的领域中,个人受到自己盈利能力的驱动进行活动,但是,如果所有的个人采取共同的行动,整个系统就会受到威胁。资本主义,带着它的个人行动的特性和功效最大化的独立机制,对这种类型的问题没有解决能力。我们将会看到,在几种不同的伪装下,它主要是一个我们之所以要对资本市场加以规范管制的问题,以及,即便是以利润最大化为前提的投资者也必须坚持遵循道德的行为准则并且必须遵纪守法。

谎言 32:

与净收入相比,年度现金流是一项更可靠的衡量公司创收潜力的参考值。

我在华尔街的高盛银行工作期间,曾经是他们的融资收买组里一个原始基金的创办人。融资收买无非是一个向公司自己的资产借用大量资金的行动,可以戏剧性地使公司的账面资产缩水,然后用所得资金买入或者卖出该公司,当然这种所得大多数是负债。

出自这种融资收买市场的一项创新就是:在分析公司潜力的时候,投资者开始更多关注现金流而不是净收入。大多数时候,这种做法不错。在你已经把反馈收益和赋税以及折旧费和摊销费用统统记入之后,现金流就可以被定义为净收入了。折旧费和摊销费用被加回来,是因为它们都不属于现金流项目;他们仅仅属于账面资产,没有现金流的影响。税费被加回到净收入是因为很少有哪家公司真正交税,无论法定税率是多少。特别是采用高度负债杠杆手段的公司,它们根本用不着交税,因为公司账上的负债是全部免税的。利息被加回来是因为我们想要知道公司产生的总的现金流,不管它本身的资产是怎么构成的,负债对资产净值的比例如何。

可是如今的做法是要看利息税前的收益如何,而且,折旧费和摊销费也都是衡量长时间经营的可持续现金流的参数,这也太过分了。原来,这种衡量现金流的方法根本不能保证长期有效。理由是,你并未顾及任何公司设备和建筑物的折旧费。正是这个被你加回到净收入以符合对现金流的定义的折旧费,现在从两个方面受到削减,因为你假定你的办公楼和办公设备永远不需要更新换代。如果你想引用现金流更广义的定义来做一个比较恰当的经济分析,还必须包括负的现金流,尤其是在你购买了新建筑和新设备的时候。可是现代投资者死盯着现金流,尤其是忘记了把所有那些现金支付的项目包括在内,而且只是要求一个笼统的年度现金流数字。仅仅查看公司经营产生的现金,他或她就显得非常短视,忘记了一种经营还必须在一定时期内为它的基础设施——它的办公设备以及为了将来继续生产现金流而必须进驻的办公场所——做出必要的投资。请记住,一个股票本身是没有价值的, 除非公司随着时间进程给每个员工支付工资。而且,分别支付那些员工的酬劳需要一段很长的时间才能到达一个相当于今天股票价格的净值并在相关报表上有所体现。不减去那种与日俱增的维持这种现金流所必需的投资, 你永远无法估计公司当前的现金流大概是多少。利用一个现金流而不是净收入作为评价资产的衡量手段,而且忘记除掉必需的投资资本,投资者必然高估了一个公司真正的价值。

谎言 33：

公司销售具有致瘾性的产品，这有利于开拓更广的投资领域。

如果你回过头来看看过去 30 年的历史，并且寻找一个在股市长期战略中取得的收益远远胜过所有其他竞争对手的范例，你会惊讶地发现赢者究竟是谁。

赢者不是医疗保健行业，也不是高技术企业，是致瘾性产品生产企业。如果你为致瘾性产品创建一个基金会，涵盖烟草公司、酒精蒸馏厂以及啤酒批发商，这个基金会在过去 30 年恐怕早已经发了大财，资产起码翻了 10 倍。没有其他行业能如此接近这个行业在市场上的空前业绩。如果你认为可口可乐和百事可乐中的咖啡因属于致瘾性物质，它们当然是，并且把这些产品生产企业也记入致瘾性产品的经营效果分析，那么它们的业绩更是超群绝伦。我没有把它们包括进去，是因为相关机构并未声明微量的咖啡因对人体健康有害。

由此我们就有了一种投资哲学：要购买致瘾性产品生产公司的股票。从历史上看这种投资方式甚为有效，而且也没理由认为未来就不会继续有效。你或许认为这种代表性产品如香烟，会在未来面临立法制约，但是根据过去的历史判断，很难说会有刻意遏制这种行业销售的法律措施。在美国，这类管制规定对限制吸烟的广泛性传播几乎不起什么作用，况且国内市场销量任何一点下滑都会由成倍增加的海外销售超量补足。较之于 13 亿中国人、10 亿印度人和数亿非洲人，烟草公司对于 3 亿美国人吸不吸烟并不感兴趣。

不过，你当真想要成为那种公司的拥有者，去销售那种可以杀人的致瘾性产品？我可以原谅人们吸烟而且甘愿患上肺癌，人们饮酒而且甘愿损害肝脏，因为这类产品都是很容易让人上瘾的，而且人类的自由意志也并非一直被用在正地方。可是我不能宽恕有理智的投资者选择这种销售有害商品的公司去做老板。这样的决定，在我看来是不理智的，却是他们在对所做的生意完全心知肚明的情况下做出的。

我们并没有宣称销售香烟和酒水是不合法的，因为我们不相信那样会对减少那些产品的销售起到任何作用，其次我们也愿意相信作为人类个体应该得到最大限度选择的可能性，自己去决定他们的消费倾向。如果消费者站在一个可以做出理性选择的立场上，你对那些商品的致瘾性就不必多虑。但是，那些产品并没有被定为非法，并不意味着你就应当拥有那样一些产品的推销公司。还真有人选择去为那种公司工作甚至干脆拥有那样一种公司，不断生产和销售那种故意伤害消费者的商品，在我看来实在是匪夷所思。

此例是一个很好的说明理由，可以为我们解释，何以简单的股票市场指数不能说明一项投资战略是否成功。投资方向的选择是否合乎道德准则，股指不足为凭。根据股指可以在所有公司中选择投资对象，无关他们产生效益的方式。只有作为人类个体的公民，才能决定对不道德的公司发出信号：我们不同意为这种经营投资。这个事情可以通过个人在股票市场上投资来完成，可以避免对那些生产销售致瘾性产品的公司进行投资，或者选择不包括那类公司的、合乎道德的公司股票进行投资。

如何在宏观上对股指进行选择，在我看来这似乎应该是一个重大的问题。股指的选择，从定义上看，是在一个宽泛的股票市场中做出投资选择，但并不包括对公司的金融稳定性和信誉可靠性进行调查，或者对公司的产品和服务是否符合我们国家需要加以了解。我们能够为是否可以支持一个制造猎枪的公司而进行争论；但是，我们是否应当支持或拥有一个制造用以刺杀警员的穿甲弹或者恐怖分子用来劫持飞机的生产仿真左轮枪的公司，甚至是那种不断升级的、专门研究如何消灭这个星球上许多人口的武器生产厂，这个问题却鲜有议论。我们可以把新式武器系统称为"和平制造者"，可是我们心里清楚，更大数量的投资都用在了更新更大的武器系统研究上，而这些东西除了给世界添乱，更无其他建树。

综上所述，假如你还倾向于购买烟草公司或啤酒批发商的股票，只是因为看中他们非同一般的获益机会，我建议你反省一下自己，你对他们利润的孜孜以求，是不是也到了致瘾性商品消费者对那些产品依赖的程度。

谎言 34：

高通货膨胀导致利率达到峰值，而由于利率更高，普通股票的资产／收益比会被压低。

　　为什么股票价格在高通货膨胀时期陷于颓势？如果股票无外乎对具有真实资产的真实公司占有的一个百分比，你或许指望，在高通胀时期，这些公司资产和收益在价格和价值上能有所增长，因而他们股票价格也可进一步升高。

　　但我们见到的情况却事与愿违。房产，从历史上看，一直是一个抵抗通胀的很好的屏障，况且，在高通胀时期，房产价格也会上升。然而股票，从另一方面看，恰恰在高通胀时期下跌。

　　有篇学术论文曾试图解释这样一种观点：投资者不够理性，因为他们似乎想要从公司赚取真实的利润，而这种利润已经把更高的通胀率包括在内，因而股票价格反而下降了。这恐怕谬之远矣。假如你的现金流此刻的净值存在的问题是真实的，是忽略了通胀因素的，那么用于达到当下真实价值的折扣率也应当是真实的：它也应当是忽略掉通胀因素的。由此可做一个比方：假如你要利用真实的现金流去确定一个公司的股价，你就要对他们的真实利率打折扣：3%加上一个保险费，不是 15% 或 18%，它包括在高通胀期间（如 20 世纪 70 年代的状况）的预期通胀指数。

　　这篇莫迪里阿尼（Modigliani）写的学术论文很有影响力，因为它是第一篇提出投资者不够理性的文章。假以时日，这种看法在整个学院派经济学领域盛极一时，被称为行为主义经济学。他们相信，人类情感总体上通常是非理性的，而且会影响男人们和女人们对股市和其他市场资源的价值判定。假如这种观点是正确的，那就直接攻击到了有效市场理论，因为有效市场理论说，投资者是理性的，而且所有资产都是被恰当定价的。所谓行为主义经济理论还威胁到全部自由资本主义的基础，因为，如果资产定价不合理，系统中就不会有高效的资源分配。你不能让一群无理性的人在一个假定有理性的资本主义体系中去做什么决定。

　　但我认为莫迪里阿尼的观点是错的。我相信，当通货膨胀过大，股票价格会下降；但我并不认为是由于人们不够理性，或者错误地利用了名义上的利率而不是真实利率去估算股票价格和公司实力。

　　我相信，投资者不仅足够理性，而且比莫迪里阿尼聪明得多。我相信他们完全明白，在高通胀期间，公司的盈利会受到实质性的影响。公司盈利的期望值在高通胀时期无疑也会下降。换句话说，公司盈利不可能随着通货膨胀而膨胀。我认为，这种情况的出现，是由于高通胀期间有越来越多的人发觉，要想为了购置大宗产业而申请必要的贷款，所要求资格的门槛越来越高了。典型的是房产或汽车，都要求购买者要拿出一笔贷款来购买。从近期的经历我们就可知道，为了提出一笔抵押贷款去购买一所房产，你必须向抵押贷款机构提供资格证明。与此类似，你必须拥有良好的信誉才能支持你的贷款资格，进而获得买车的贷款或者租到一辆车。

　　申请贷款的典型程序是要比较你的收入和贷款所要求的利息支付，无论我们谈论的是汽车、房产还是你本人，在高通胀时期，名义利率很高，对一个住房购置者或者汽车购置者来说，想要达到贷款所需具备的资格，比任何其他时期都要困难得多，因为他当今的收入，相应于高利率来说，不可能股实如初。汽车销售公司或者抵押经纪人没有考虑到的因素是：由于高通胀的出现，购买者的工资或者收入都将戏剧性地随着通胀的持续而增长。可是这些因数不能进入同一个等式。信贷机构要决定是否借给一个人所需购买汽车或房产的资金，仅仅取决于此人近几年的现金收入，而且，这很典型地阻止了一些具有很高信用资格的人来购买上述资产。对总体经济而言，则意味着这个国家两个最大规模的行业——房地产和汽车制造业，将在高通胀期间减缓发展，所有公司的收益都将受到冲击，所有公司的现金流和股价都将下降，于是整个经济渐渐失去控制，转入颓势。

　　这就是我们通过那些数据看到的景象。公司的收益下降，公司的股票价格也会随之适度而理性地下降。而投资者表现得又不够理性。然而研究这一现象的学术界给出的解释实在差强人意。

谎言 35：

股票市场的 20 年增值主要得益于经济增长、创新、开放新市场以及良好的管理。

许多经济学家把股票市场过去 20 年的兴盛看作是经济状况健康以及商业环境良好的结果。他们认为，公司收益增加了，那是由于公司管理得好，再加上创新和新技术的利用，使它们可以更好地向消费者提供高质量的产品和服务。

我认为，这许多的经济学家都会惊讶地了解到，过往 20 年股票市场的繁荣之中，有不少成分归因于一个简单的事实，那就是劳动力大军的工资的冻结——在工人的生产力大大增长的时期内，他们的工资却一直没有增长。美国工人的真实工资在过去 20 年左右都没有提高过。说来简直令人难以置信，因为这是在美国，直到最近，一直都是全世界资本主义、金融市场、技术和生产领域的龙头老大。

首先我要解释的是，为什么劳工没有能分享到美国高度繁荣时期的好处，第二，我要揭示：为什么这一点恰恰引出了空前高涨的股票行情。

20 世纪的最后 1 / 4 时间内，驱动劳动力形成的两股伟大动力是全球化和技术进步。最近 25 年，技术进步使生产力的戏剧化增长成为可能，使得普通制造业的作业量显著减少，许多工作简单到只需按电钮即可的程度。手工操作从许多装配线上消失了。因此，大量流入的没有什么技能的工人就可以承担这些简单的装配型劳动。大型公司利用这一外来的、非技能型的劳动大军，既可以把工资尽可能压低，又可以通过他们不断提高生产力。有人或可争辩，究竟有多少非技能型劳工值得给予更高的报酬，不过我敢向你保证，你绝不会希望用任何代价换取他们在世界上的地位。生产力爆炸性增长，工人的工资反而下降，这显然不对头。比技术进步更惊人的是商业全球化给世界带来的巨变。大公司决定，没有工人和市民的投入，开放全球市场并且把他们的制造业迁移到能够使生产成本最低的国家去。美国工人被放置在与低收入国家的劳工竞争的位置上，那些国家，如墨西哥和越南,不管那里的工人技能如何,反正那些制造业的工作岗位都提供给他们了。低工资,不是由于那里的工人一定技不如人,而是由于那些发展中国家的生活成本本身就很低廉。

不仅制造业的职位输出到了低工资国家。互联网可以提供的一些管理性工作和专业性职位,例如在放射学、农业科学以及工程技术等领域的职位也被印度之类国家的人才普遍占据。需要再一次说明的是,并非印度的工程师比美国的能干,只不过聘用他们比较廉价。而且,他们廉价的原因不是因为他们工作更勤奋或者更具创造性,而是因为在印度的生活成本只有在美国生活成本的 1／4,因此他们无需过高的工资收入。

即便美国本土的制造厂家不外迁到其他国家,美国国内工人的工资收入也受到很大的挤压。大公司能持续性地诈唬,利用把工作职位输出海外作为威慑手段,使员工放弃对高工资的要求,接受福利待遇的削减。这种压力甚至延展到工会组织,因为,哪怕雇员随便一提工会要搞活动,任何公司都能二话不说,收拾起摊子,一举把整个工厂迁往海外。当然,工会的活动房是第一个被关门的,连同工厂一道统统运往海外。

这就意味着,在经济日趋繁荣的期间,随着新的全球性市场的开放和工人的生产力不断增长,工人的工资同时期却一直不见增长。可以想象,这对股市意味着什么。股票价格无非是公司未来收益体现在今日的价值。工人工资停止增长,公司收益就会戏剧性地增加。这是因为,工人的工资在公司的资产与收益账目表上是主要的支出项目。很典型,一个公司总支出的 60% ~ 70% 都在劳动力的支付费用上。假如你能在不增加劳力成本的前提下实现收益增长,那么你的总体收益将会爆炸性地增长。如果工资在一个阶段被削减 15%,所有其他条件不变的话,这将典型地使公司成倍地收益,你也就会看到相应股票价格翻着倍地增长。

这就是过去 20 年真实发生的事情。股票市场扶摇直上,在这一时期价值增长了大约 8 万亿美元。大约有 5 万亿美元是价值上的真实增长,另外的 3 万亿美元属于通货膨胀引起的徒有虚名的数字。但是那 5 万亿美元股东价值的真实增长可以被充分解释为一个简单的价值转移——相应价值从工人工资转移到公司的拥有者那里去了。如果公认的工资分享到了此时期生产力提高带来的价值增长，他们现在至少已经储蓄起了总计现值在 5 万亿美元以上的劳动报偿。实际发生的是，劳工见到自己的薪金和工资的增长一直处于冻结状态，而他们劳动创造的价值都进了公司拥有者的腰包。

现在，金融危机开始了，我们意识到我们 GDP 增长的一大部分与这些公司的收益却从一开始就不够真实。那是建立在大规模消费的基础上的，是由政府和个人借贷作为资金支撑的。再加上这样一个事实：劳工在过去 25 年没有获益，我们就可以看出，美国过去 25 年来的经济奇迹实在是一个令人沮丧的荒诞说法。事情看上去似乎是：经过通货膨胀的调整以及听任劳工不能分享增长的事实，在一定时期之后，股市却要下跌，而不是上升。所谓里根时代的经济奇迹，共和党的更壮大的自由市场和资本主义的策略，其结果就是以工人的利益为代价换来资本家和公司拥有者更大的富裕。这也就是在此期间美国人的生活质量全面衡量起来没有提高的原因。事实是，美国普通人和工人都没有生活得更好，尤其体现在医疗保健计划、生命期望值（寿命）、教育和拿回家的薪水上。

谎言 36：

市盈率较低的股票被认为是廉价品，因为相对于收益而言它们卖出得较便宜，特别是，当它们是大股息支付者。

市盈率，也就是价格与收益的比率（P/E），是用来比较各种股票的标准量值。如果一支股票以每股 50 美元交易，另一支股票以每股 20 美元交易，你不能说每股 50 美元的股票一定是较贵的一支。你必须看看这股 50 美元的股票将会赚得的收益是多少。如果 50 美元一股的股票每股可赚得 5 美元，而每股 20 美元的股票每股可赚得 2 美元，那么这两支股票的市盈率都是 10，你可以得出结论，说这两支股票的股价是相同的。

并非所有股票都是以同等价格交易并且收益颇丰的。资格较高的公司拥有更良好的管理，更好的增长前景，而且风险较小，应当以较高的市盈率交易;相反,小型的风险较大的公司,增长希望不大而且管理较差的公司,就不能与前者等量齐观。

金融顾问时常推荐人们选择低市盈率的股票去做交易。可是,如同一辆 2 000 美元的二手破车根本不能跟一辆 14 000 美元的二手丰田车相提并论一样,一支低市盈率的股票并不一定能做成好买卖。

市盈率可以简单反映当年的收益状况,或者至多可以预测下一年的收益,但是不能说明未来收益增长的趋势。你很可能会赞同花钱购买一支高市盈率的股票,它在未来可以显现收益的迅速增长。3～5年内,一支迅速发展的股票或许可以使它的收益翻倍增长,因而它的市盈率也会在相应时期内减半。

类似地,购买经营不良、处于颓势的公司的股票绝不是好主意,无论它的市盈率如何。市盈率可以在上一年盈利的基础上计算出来,未来却不见得会有多少收益,公司都有可能会破产。

如果你只是从廉价的角度考虑,去寻找低市盈率的股票,你很可能把自己的资产投入到许多危机四伏的公司里去。

这就是他们以低市盈率为基础廉价出售股票的原因。仅仅以市盈率为参考对股票加以区分根本不足以识别真正的利好交易。在一个既定的股票价格基础上,你必须对相关公司的经营前景和管理效力进行更深入的分析,才能确定其确属具有光明前途和伟大的发展前景的公司,从而确保你的资金投入必将大有所获。

类似的是,如今许多市场寓言者都在推荐那些高股息收益的股票。通常,这些公司发展非常缓慢,增长的前景并不看好,他们的股票也都属于低市盈率股票。但是,假如你根据他们的高股息收益而选择购买他们的股票,特别是恰逢当今这样的艰难世事,你大概难免以坐拥一大堆不断贬值的股票而告终。理由是,他们的股息收益相对于他们当今的股票价格显得较高,那是因为市场已经决定了他们不能指望未来他们的股息能一直维持下去。

假如你购买了一支股息为每年 6% 的股票,又假如公司中途宣布将它的股息削减一半,如之奈何? 为了维持每年 6% 的股息,该公司的股票价格就可能降低一半。最可能的情况是,股票甚至会下跌更多,因为削减股息会向市场发出该公司真实现金流危机的信号。无论何时一个公司显著减少股息,那就等于承认他们出现了资金短缺的状况,很可能面临倒闭,却没有其他资源可以解危救困。远为狡猾的借贷者和投资者已经很少给这样的公司以资金支持了。

购买低市盈率或高股息收益基础上的公司股票要千万当心,通常,你所做的无非是在购买他人的陷阱。

第五章

关于公债投资的谎言

谎言 37：

股息固定的国债是没有风险的。

此次经济危机期间，投资者趋之若鹜地购买国库券，因为他们相信，购买那种债券是全无风险的。在一些商学院，公债债券常常还被用来作教学示范，代表着一种收益丰厚且没有风险的投资形式。

国债并不是没有风险的。它们像其他公共债券一样，都有破产的风险。但是，国家财政债券，也就是国库券，假如出现违约或破产，在你蒙受投资损失之前，美国政府先要承担违约的责任。历史上，出现这种情况的可能性一直是微乎其微，乃至没人会相信存在这种可能性。如果你相信美国政府宣布破产或者拒绝偿还债务的风险为零，那么短期国债的确没有风险，可是长期的财政债券还是有其必然的风险因素在里面。

正如你们现在可能会猜到的，我就不相信美国政府违约还债的风险可以小到近乎为零。当然这种可能性也不会大过 10%，可这个风险因数已经大到足以使你不想再持有所有那么多美国财政债券了。

问题是，在经济危机期间，假如你不保有那些以美国财政债券体现的个人资产，那你把自己的钱放到哪里才好呢？是美国政府为商业银行的资本储蓄以及新的货币市场基金作担保的。假如美国政府实际上糟糕到要对自己的债务抵赖，很难想象最大的商业银行中的资金储备会安然无恙。

你或许会做出决定，干脆把自己的财产以现金货币形式装进一只篮子收在家里算了,因为美元本身说不定也会贬值,假如美国财政部真的拒不履行债务偿还的义务。于是你甚至想对其他国家的政府投资,购买他们的债券,但是,很少有哪个国家比美国更有能力承受全球性金融危机的冲击。不过,既然美国国债的数量如此之大,试图寻找其他国家作为避风港的想法也不例外。

瑞士一向被誉为政府经营十分保守的国家,可他们说不定也会像冰岛一样遇到危机——该国的银行总部存有的全部资产和债券,足以在数量和规模上与拥有 GDP 总量的政府分庭抗礼;日本,传统上也一直是个奉行保守主义的国家,很少有通货膨胀这类的事情发生;可是如果中国受到这场经济危机的冲击,那日本也难逃厄运。

即使你相信美国逃避债务的可能性为零,那么至少,持有长期固定利率的美国财政债券是真正存在风险的。风险就是通货膨胀。假如通货膨胀重新被激起,你的固定利率的财政债券每年按固定利息返还给你,再加上本金也是固定不变的,从定义上看,你的投资资产变化跟不上通货膨胀的变化,你的购买力也在一定时期后下降。总体上的通货膨胀因过度印刷钞票而起,必将造成所有物价的上升,生活成本也会随之上升,你和你的固定利率国库券投资却得不到相应调节。你所持有的是旧利息和旧本金的钉死的投资资产,获得的返还也是这样的。

我说它是旧本金,是因为,你即使收回全部投资也不能获得一个价值提升的新的资产。假如你今天投资 100 美元,未来 10 年的通胀指数是 10%,那么 10 年后你拿回自己那 100 美元的时候,你将损失超过 2／3 的购买力。

购买任何长期固定利率的债券,情况都会与此相似,无论那是公司的债券还是市政债券,抑或是美国政府的财政债券。必将发生的事情是,在任何高通胀的环境中,人们需要对他们购买的债券索求更高的利率。可是购买债券时,你的投资利率被锁定了。因此,市场上将出现的实际情况是,你的债券的市场价值下降了。人们会对那些债券重新定价,使其价格下跌,直到你那些固定利率债券的息票价格能够体现出良好的市场收益,因为它要符合重新激起的通货膨胀环境下的价格要求。

你也许要说,况且我过去干这行时也从许多债券推销商那里听说过,你"无意提早卖出那些债券",或想"等时机成熟再卖"。首先,局势在不断变化。你或许认为在时机成熟之前自己并不需要这些钱,但是,假如出现意料之外的状况,你不得不把这些债券兑换成现金,假如又恰逢通货膨胀,你拿回来的资金将大打折扣。

更重要的是,即使你保有这些债券,一直等到时机成熟的一天,你得到的全部资金还是你的原始本金的数量。比如说,你投资了 100 美元,你拿回来的还将是 100 美元。但是,100 美元经过了 10 年显著的通货膨胀期,已经不能购买你在初始投资的时候 100 美元所能购买到的那么多东西了。因此,就货币名义而言,看上去你还是拥有完整的 100 美元,而从购买力和你能以之购买的商品数量或服务质量的角度上看,你已经蒙受了真实的损失。

谎言 38:
有内部信息的债券是没有风险的,因为它们会随着通胀自动调节。

我们或许终于显得比较接近真理了,但这样说,尚有误导之嫌疑。财政抗通胀债券的确可以针对未来的通货膨胀加以调节。如果你购买这种债券而正赶上通货膨胀,那么对方会根据通胀指数调节你的本金赔付和利息,从而保护了你的购买力。然而财政抗通胀债券也不是无懈可击的。在通货紧缩的时期,这种债券的利息和本金数量也会根据通货紧缩的数值向下调节。假如那种通货紧缩是由货币供应的总体性收缩导致的,而且生活成本也随之下降而不是上升,你则仍然保持着你的购买力。

但是我相信,在这样一种经济困难时期,如同我们今天面对的情形,你会遭遇到通货紧缩,平均而论,表现为所有物资真实的价格下降。持有财政抗通胀债权而不是传统的负债有价债券,你会失去享受这些较低价格商品的机会,因为你的全部资产都原封不动地以债权形式保存着。财政抗通胀债券在某一个方面也是独一无二的。在通货紧缩时期,这种债券到了成熟期会以较高的紧缩后的本金数量或者等同于票面价值的数量偿还给你。这就意味着在通货紧缩期间,抗通胀债券的投资者可获得一个附加的收益。当他的息票价值参照通货紧缩的参数被下调,由于他的全部本金数量可以按照票面价值得到补偿,他几同发了一笔横财,因为在通货紧缩期间,他的购买力显著增高了。

这里有一个警告。要当心,不要购买二级市场上的早年的抗通胀债券,尽管它们也在通货紧缩期间有所增值。假如你在市场上购买的抗通胀债券价值已经在 130 美元,政府可以提供给你的更高的票面等价优惠或者综合计算数量将无法在通货紧缩时期帮助你;综合计算后的数量将远远大于票面价值折合的数量。

这一切都非常复杂,但是我可以总结一下。我还是比较喜欢把财政抗通胀债券作为一种投资形式的。它们在通货紧缩期间的确于我们非常有益,而且它们是我知道的唯一在通货紧缩期间有益于投资的形式,当然还包括黄金,在通货紧缩期间都可使收益良好。所有其他资产投资形式都试图在通货膨胀期间跟进,唯有抗通胀债券可以保障你无论真实的通胀率未来会达到多高,投资都能有所收益。由于这个原因,抗通胀债券在艰难的时期还是非常安全的天堂,尤其是当你根本弄不清将要发生的是通货膨胀还是通货紧缩的时候。

谎言 39:
利率是由美国联邦储蓄委员会决定的。

假如你一直相信是美国联邦储备委员会为我们国家制定的利率,你还是可以得到谅解的。你几乎每天都会通过媒体听到这种说法。甚至连经济学家也都在谈论本周联邦储备会把利率定在哪个量值上。

只要美国还是一个资本主义自由市场制度的国家,利率就是由市场决定的,而不是政府制定的。这意味着,在你所能想到的任何时段都存在着一个活跃的货币交易市场,从昨天一个晚上到漫长的 30 年期间。在这个市场上,活跃着买主和卖主,他们做出决定,针对某一个时段或者时期的安全利率应该是多少。公债交易者决定利率的时候要把许多因素考虑在内。首先,他们自己不会去随意选择一个利率。他们要做的是买卖债券,同时他们了如指掌的是,当他们花钱购买的债券价格上涨,市场利率就下降了。如同前面指出的,一个固定利率的负债有价债券就是一种期票,赔付你的是恒定利率的收益,因此它会在通货膨胀爆发的时候受到影响而贬值,而且利率会在未来上升,尽管在利率上升的时候公债价格会下降。

因此,仅通过负债债券的买卖行动,利率就会浮动。而且,利率不是固定的一个。利率的变化会取决于是否你要把自己的资金在一天、一个月、一年或者 30 年的时间内用来投资。当然,你的收益累积利率也会发生变化,而且,这些不同的票据到期的投资中的每一笔混合年利率的效应。正常情况下,长期投资要求一个较高的利润返还率和一个较高的利率。有些在长期投资成熟期的负债债券的利率增长是由于这样的事实决定的:它们的流动性很小。但是我相信,较高的利率同样反映一种风险溢价,因为通货膨胀或许在未来被激发,而且我们先前说过的,选择固定收益的投资,你就不能受到免于不断增长的通货膨胀影响的保护。

联邦储备制定一个利率,以便商业银行可以按照这一利率朝它借贷,这点没错。联邦储备制定联邦基金率,据此,资金储蓄机构乃至联邦储备都可以将储蓄资金在彼此之间转移。这是一种非常短期的一夜利率,但是由于联邦储备就是这场公债交易游戏中的这样一个庞然大物,它对非常短期的负债债券具有戏剧性的影响力,转而它又可以影响其他市场的利率。

尚不完全清楚的是,联邦储备是否可以影响较长成熟期投资的利率。正是由于联邦储备下调一个相当短期的利率并不意味着人们就会同意使长期贷款利率也采用较低的利率。一个更高的长期利率可能反映出人们相信通货膨胀将要重返系统,或者相信短期利率可能下降的状态。如果短期利率的下降是通货紧缩造成的,你可能会明智地锁定一个针对较长时期的较高利率进行投资,或者购买较长成熟期的负债债券。我们最近就看到了这种现象：联邦储备试图通过将联邦基金利率降低为零的手段松动货币。他们希望这一举措能够刺激银行放贷，而且，长期利率，特别是长期抵押贷款利率，都将下降。尽管长期抵押贷款利率发生了些许下降，它远远比不上联邦基金利率的下降幅度。今天人们认为，居民住房抵押贷款比他们过去获得的更有风险，他们正在要求一个更高的未来风险溢价才肯做长期抵押贷款。另外，仅仅由于银行拥有更多的隔夜钱以及拥有从联邦融资的更便捷途径，并不意味着他们愿意延伸业务范围并开展相当长时期的抵押贷款业务。过去，他们曾经通过债券化的手段包装这些抵押欠贷并且把它们出卖给上游的长期投资者。由于这次危机，并且由于人们不再信任资产评定结构和商业银行，债券化市场岌岌可危。甚至连银行也不愿再把长期抵押负债存留在他们的资产负债衡平表上了。

因此，联邦储备确实制定了一个调整性的利率，但那是一个短期利率。然而这个利率并不一定会影响到长期利率，因为后者是确定抵押贷款利率以及其他长期行业利率的关键所在。所以，联邦储备的能力只限于如何从一个利率的角度去刺激一下经济。现在，联邦基金利率接近了零，联邦储备显然已经寸步难行，因为它实在不能把联邦基金利率再往下调了。

谎言 40：
债券是一个好的投资项目，而且应当代表个人投资领域的重点投资方向。

大多数金融顾问建议说，你应当拥有一种混合的、包括公债、股票以及其他诸如房产之类在内的多方投资资产。其中各种投资所占的百分比怎么决定，这要看你在跟谁讲话。但是总的来说，大多数人会推荐你选择45％投资于公债；45％投资于普通股票；10％投资于房地产。普遍的现象是，年轻的顾客被推向更多的投资于普通股票，而较为年长的顾客被推向更大比例的公债投资。一个惯常被引用的准则是，你应当把你的年龄作为你投资总量的一个百分数去投资公债。假如你今年65岁，你的投资总量中就应当持有 65% 的公债。这个投资分配表背后的原因是,金融顾问一般都相信公债是一种安全的投资形式。他们相信,公债比普通股票的挥发性要小,这还算合理,因为公债比普通股票在公司的资本结构上更高。如果一个公司在未来会遭遇到现金流的减少,它的普通股票拥有者就可能采取立即出击的行动,但是在公债持有者意识到可能发生损失的时候,整个公司都会受到未来破产的威胁。但是一个公司由于它的公债而蒙受损失,并不一定会破产。所有那些必然要发生的是,存在着不断加大的破产机会,或者该公司可用于挽救破产危机的资产的市场价值下跌了。这些可能性每天都在由市场派发,而且,假如一个公司运气不佳,并且有某些大宗的负债没有清偿,该负债就会以低价出售,直到某些人在负债债券市场上以为较高收益的负债债券是一宗好买卖。但是,我不喜欢固定收益或者固定利率的负债债券的理由是,作为一项股票投资选择,我相信负债债券具有较大的股票下跌的风险,而上升的可能性不大。这一点,在我们今天生活的世界上体现的尤为真实,特别是当公司都在利用很高的负债调节手段从事经营活动。我们已经看到,最近某些公司的股票价格下降了 75%,而他们的公债价格也显著失去优势,下跌幅度超过了 50%。

我相信,长期股票投资最大的风险因素就是通货膨胀。我们已经看到,高通胀时期股市的不良反应。公债在高通胀时期表现也很不怎么样,因为它们的收益是固定的,它们的价格也必须下降,因而新的投资者才能获得一个经过通胀调节的真实收益。

因此,简单地说,一旦通货膨胀卷土重来,公债和股票都会显著下降,否则公司未来的收益状况就会显著恶化。不过,假如情况有所改善呢?假如经济状况好转,公司增长速度超过预期,那又会怎么样?公债持有者并不能得到上乘的实惠。无论公司经营得多好,也无论它的收益前景多好,公债持有者只不过能得到允诺给他的固定比例的收益。普通股票持有者在公司股份中占有一定比例,因此,如果公司状况得到改善,普通股票持有者的收益也会有所增加。简单地说,在年景好的时候,公债持有者只不过要把他的钱拿回来,而普通股票持有者则能够在公司收益改善的时候得到真实的分成。我相信,许多个体投资人都是因为受到误导才去做公债投资的。我想,当他们听说可以得到一个固定利率的收益,就认为这是一个利好的消息,因为他们或许已经退休,可以指望每年有一笔固定数量的收入去安度晚年。然而他们所没有看到的是,他们可能失去更好的投资机会,那就是股市,况且他们所持债券的本金业已面临相似的贬值的风险。他们受到了"固定收入有价债券"这一名称的愚弄,而在他们投资的时候,根本没有这回事儿。

另外还有,经常性收入的负债有价债券,无论是浮动利率的还是固定利率的,都是在一般收入基础上任何赚取收益全附有纳税义务的。任何成功的投资战略的关键所在,就是尽可能少纳税,并且,假如你不得不纳税,你不要在当年就去纳税,而是等到多年以后再去交纳,而且不要根据一般收入税率去交税,而最好以本金收益率作为参数。

甚至在挑选股票的时候你就应当进行大量的纳税规划工作,由于这里没有什么前提,假如你是一个经常性收入纳税者,把你的钱投入每年可赔付大量年息的共同基金,你就等于制造了一个一般收入形式。

你可能想要让你的投资比重更倾向于那些赔付较少年息的股票以及那些不怎么对外出售的共同基金,因而本金收益能够实现,但不是长期的。

可是,假如你属于经常性收入纳税者,持有按平时收入税率征税的负债债券就不明智了。你可以轻易创建一个普通股票持有量,一段时间之后慢慢稀释你的本金收益总量,以便保持与债权投资收益相类似的年收益。如果股市投资在你看来显得过于冒险,你还有另外的交易可做:你可以利用买进和卖出期权的办法有效防止自己在股票市场上蒙受较大的损失。这种类型的保险不是免费的。但它是从股市投资资产中获得债券收益的一种比较容易的途径,而且可以在一个时期以后再缴纳本金收益税,而不像那种债券上的流通息票,要根据平时收入交税。

谎言 41：
对于个体纳税者来说，免税双向债券是好的投资选项。

市政债券每年赔付的利息并不属于联邦收入纳税的范畴。投资者错误地估计，市政债券对于他们来说，相比于一般的征税债券，属于一个更好的交易方向，因为他们无须按照利息收益纳税。

可是市场比这些都精明得多。因为市政债券的利息偿付是免税的，真正的情形是，税前收益并不等同于市政债券和征税债券，而税后收益在市场上才能变得与其他债券等量齐观。

你所期待的是能够发现这两种债券——市政债券和征税债券，具有同样的风险度，就应当具有同样的税后收益。因此，一个市政债券税前收益 5% 的话，税后收益应当还是 5%。但是一个应征税的公司的债券收益率应当接近 7%，而且应有有效的税后可达 5% 的收益率。

在更为正常的市场条件下，各种市政债券，不应存在具有税费减免优势的品种，因为市场早已把这样一个因素考虑在内：某种债券所偿付的利息是免税的。换句话说，你可以期待发现某些某种上乘的债券，在需要交税的债券环境中，其税前收益率比市政债券市场上的要高出一些。

如果说事情真的变成这种样子，也就是在当前的金融危机期间，市政债券在税前基础上的收入与需交税的有价债券相同或稍高，警报器就要响起来了。由于收益较高，债券经纪人将把那些市政债券推到你面前作为讨价还价的交易。但是市政债券的收益之所以在当今的环境中能达到如此之高，是有其原因的。

市政债券，历史上属于相当安全的投资，今天却成为风险很大的债券种类。原因是，那些由市政府、州政府或者特别政府机构发行的债券在这次危机中都陷于重重困境之中。

许多这类实体和机构都把他们的兑现收益和养老金补贴投注到救济行动中去了，对市场衰退的环境构成很大冲击。第二，当国家和地方因失业率上升而出现收益税下降，房产价格下降导致财产税也下降，地方销售税也随着消费水平的降低而下降，许多地方政府都将看到自己税收上的戏剧性的减少。

这还不是整个事件中最糟糕的部分。在财政支出和负债方面，许多州政府和地方政府机构的状况都如同预先埋设了定时炸弹一样，随时可能全面炸响。他们许多雇员拥有充足的退休金和完备的医疗保健计划，而且，这些计划保障雇员在完成 20～25 年在职服务之后享受全额退休金。年龄到了 50 岁的消防员、警员、清洁工以及其他市政雇员都将退休，或者到海滩晒太阳或者再找第二份工作。无论怎样他们都将获得占先前全部收入 50%～75% 的充足的退休金，并且享受到高质量的、昂贵的医疗保健计划的福利待遇。由于婴儿潮那一代人如今刚好到了要退休的年龄，这一笔退休成本的主要部分现在也突出显现，引起了各州政府和地方政府的注意。有些人争论说，当前的金融危机将会延缓许多人退休的办理，但是我看未必。我想，市政员工的这笔账应当这样来算：他们退休之后生活状况应当没有问题，拿着退休金，想干什么就干什么，包括清理所有账簿，以便赢得退休后更高的收益。

这个问题涉及的范围大到令人难以置信的程度。有一个地处圣地亚哥周边的小城市，已经花掉 70% 的政府预算用于退休人员的开销，这还是此次金融危机开始前发生的事情。

提高税收不是解决这个难题的办法。州政府和地方政府的税收已经被提高了许多，超过了过去 220 年的标准，因而眼下他们从税收获得的资金比整个联邦政府的还要多，包括医疗保险和社会保险税在内。这些地方政府在繁荣时期已经收入颇丰，并无动机让雇员退休或者削减他们的工资；现在经济衰退，于是他们试图要求纳税者尽量多交税费。我认为这种做法根本解决不了问题。有些市政府已经尝试着对居民提高财产税的征收数量，但这种尝试遇到了强烈的抵制，因为人人都知道，全美的房产价格都在直线下降。身处经济衰退之中，我怀疑纳税者会投票支持提高地方收入税或者地方销售税。

州政府和市政府无需像公开交易的金融机构那样频繁地公布自己的经济状况，比如像商业银行，它们才需经常性地对自己的金融状况作例行报告。因此迄今为止,这个内情被隐藏得很深。可到了将来,闹出的事情就小不了。

况且,诡谲的市场已经知道了。许多免税的小规模债券上的收益戏剧性地增长,比全无风险的有价债券收益率还高,尽管后者也是免税的。市场早已预料到地方性市场上的问题了。你会犯下的最糟糕的错误在于,把你的收入用在买入不可预见的债券。假如你投资在收益最高的市政有价债券上,你是投资在承担最大风险的州政府或地方机构上,你自己的投资是有保障的。这就是在开创市场的时候,它们的债券能收益如此之高的原因。

第六章

关于其他投资的谎言

谎言 42：

私人产业公司是凭借长期经营项目创造价值并使他们投资的产业不断增长。

直到最近，私人资产公司在投资上享受到了非常好的收益。通过在公开市场上以优惠价格购买公司并把其作为私有资产，因而能够把每年超过 20% 的收益储存到他们股东的手里。

目前的金融危机戏剧性地降低了这些私有公司投资者的收益。许多私人公司现在都经历着投资资产的贬值，而不是增值。他们会慢慢意识到这一点。在他们卖出整个公司的总投资或者把它放到公开市场上之前，他们或许都不会了解到自己蒙受的真正损失。这是他们金融行业的特点，他们把自己更成功的公司放在公开市场上，或者先通过销售从它们身上获益，然后抛掉残渣——那些经营不良的公司，把它们从自己的资产负债表上清除出去。

但是私人资产公司长久以来一直很成功，也经得起检验，人们可以真切地看到他们如何年复一年地创造了所有的利润。令人感到不胜惊异的是，如同我前面提到的，以优惠价格购买公开交易的股票并且使其创造出的收益与私人投资者的所获等量齐观，这应当是非常困难的事情。原因是，公共股票具有很大的流动性，当你把公司私有化的时候，就等于放弃了这种流动性的优势。因而私人投资者要求更高的收益率是由于要从事私人投资,而不是为了在流动性很好的公开交易的股票市场上投资。所有其他条件等同的情况下,这就意味着,在私下办理交易转换的时候,公司会变得价值更低,而不是更高。如果公司的现金流不发生变化,私人投资者又要求较高的收益,那就一定意味着公司对于他的价值不足以生成所需收益。

于是,私人产业公司会怎么做呢? 答案是,他们戏剧性地增大现金流。长久以来公共市场一直受到批评,说他们采用短期手段经营自己的业务以满足季度盈利报告的要求,因为华尔街的分析家们是要一字不漏地彻底研究这些报告的。共同经营的公司给人一种印象,似乎是分成一个季度一个季度地做生意。然而我就知道那不是真的。让公开交易的股票更有价值的真正思路是,股票价格会直接影响到所有由公司支付给股东的所有股息分红。如果投资者仅仅对年度现金流感兴趣,公司根本没有办法拥有相当于它当前股息 33 倍乃至 50 倍的价值。不,公共投资者在股票市场上投资的时候,采用的是长期的投资策略,当他们根据当前的股价进行计算的结果接近普通股票价格的时候,甚至对未来 100 年的分红前景都给予真正的信任。

结果却是,私人产业投资者都是思想非常倾向于短期操作的家伙。他们的注意力聚焦在当年的现金流上,因为他们必须偿还数量巨大的负债,这些负债是他们当年放在公司身上的,它们会产生真实的、大量的和立即显效的利息赔付。私人产业公司不是投资者,他们是切割机。他们会切割用于分析研究的预算,还切割员工工资,切割工会和雇员的福利,甚至回过头来切割所有新的投资和增长机会,仅仅为了使当年的现金流最大化。他们并不关心未来如何,因为他们知道自己将很快卸掉公司的累赘,让它们将来成为别人的麻烦。他们不是操作型的天才。他们只是简单地运用某些金融操作手段,在短期内增大现金流,不惜损害公司长远发展的潜力,同时还把利益从员工那里转移到雇主手中。他们所创造的唯一价值体现在他们对公开交易的公司的管理事务加以解决的意图上,而这是不需要对他们的股东负责的。在一个倾覆的世界里,他们进入系统并且对那些为了自己利益而非持股人利益而经营公司的人加以管制,但是私人产业公司是为了自己而不是为大众持股人——股民的利益经营公司的。无论哪一种情况下，股民或许由于获得了一种优于当前股市行情的价格而感到满意,但这种优惠实际上只是幻觉,因为它优于的那种股价是由经营不良的、自我为中心的管理者们搞出来的,这些管理者长期为了自己的利益在公司里捣鬼。

在一个多样化的世界上,投资者拥有如此之多的投资项目,以致无从对任何一方加以监管,私人产业公司和对冲基金公司都试图对无良管理层严加管制。但是这些中间人本身就是极度贪婪的,与其去为股民创造价值,他们还不如干脆把所有利益抓到自己手里。解决这一问题的办法不是建立更多的无法无天的私人产业公司和对冲基金公司,而是减少过多的投资项目,如同我在前面说过的,那样,个体和机构投资者才能监察那些公司的管理者都在干什么,是不是把股民的最大利益放在心上了。

谎言 43:

股票投资选项可使你迅速升级,而对下滑的风险有所控制。

如果曾听推销商吹牛说,可以让你参与特许经营,那指的就是这种股票认购。你可拥有所有普通股票上涨的收益,仅用 1／10 的投资即可,而且全无跌价的风险。哦,但愿这是真的。

现在,大概你都会怀疑这样一种说法了,因为你知道,从经济学角度,没有免费的午餐这种好事。如果这样一个机会真的存在,人人都会揣着一大堆任购股票了,再也没人搭理普通股票。

特许认购权无非是一种契约权力, 既可以在将来的卖家手里买入股票,即买入期权;又可以迫使一支股票的买家将来收购回去,即卖出期权。如果你对公司的前景看好,估计你会对购买它的买入期权感兴趣;如果你对它的前景不大乐观,你就可以买它的卖出期权。至少这是一种传统的智慧。最终,卖出期权和买入期权都是通过一个复杂的算式计算出价值的,与你所认为的股票价格走向有所不同。这个公式赋予那些更具挥发性的股票以更大的价值,但是期权认购,就像聪明的投资者那样,知道人们不能准确预测市场的走向,因此对人们随着股市行情涨落而起伏的情绪无动于衷。

有一点是真的,拥有一份特许认购的买入期权,你可以享受到与拥有一种投资较少的普通股票增值时同样的收益。但是,不同于普通股票,你并不能永远控制这种涨势,但仅限于认购期权买入合同的固定期限——可能是 3~6 个月。一旦特许认购买入期权超期失效,你就不会再对那家公司感兴趣,这就不同于普通股票投资者,他们会永远享有相应公司股票升值带来的利益。

同样真实的还有,如果你购买了一项买入期权,它的耗资比之于购买普通股票的要少很多,可能会省下 90% 乃至 95%。但是由于会戏剧性地增加挥发性,又由于在 3 个月或 6 个月期权到期的时候相应期权如不兑换成现金就将丧失价值,你也会有损失全部投资资产的巨大风险。如果 100 美元的股票跌至 90 美元交易,投资者手里的股票就仅值 90 美元了,而以数百美元的执行价格买入期权的投资者则有可能眼见着自己的投资价值全部蒸发殆尽。

这里有一个投资的基本原则。根据你实际投资项目的风险度,你应当要求一个相对更高的收益率。当你买入一项特许认购期权,当前属于货币外票据,而且你知道在 3 个月或 6 个月后很可能变得一无所值。这倒没有什么问题,但是你最好对公司未来改善经营乃至股票价格升高所带来的收益有一个较高的预期值。假如买入期权过期,会使大部分投资资产作废,那么你最好能做到使你的投资收益成倍增加。买入期权的收益达到你投资金额的 3 倍或 4 倍,这并不是什么异想天开的横财,而是你绝对要争取的,因为大部分时间你都在承担整个投资资产的价值烟消云散的风险。

成功的期权认购投资是建立在一些最为复杂的金融算式基础上的。即便有这些算式的帮助,购买期权而不是普通股票,也并不存在着魔法般的优势。事实上,精明诡谲的金融玩家能够创造出经营综合性的认购期权的地位,那是通过一系列在普通股票市场以及美国债券交易市场上的复杂运作才能做到的。在权衡风险之后,实际上在认购期权与普通股市投资两者之间并无多大差别。在风险权衡基础上的收益其实是大致均等的,因为,如果不是这样,从事套利的投机商立即会插进一只脚,廉价收购所有投资机会,然后以高价倒卖出去,使超值债券的价格回落到比较合理的水平。对于外行的个体投资者来说,我的建议是相当容易办到的:远离那种认购期权的交易。

你可能希望购买那种卖出期权而不是当前的普通股票,以达到限制普通股票跌价风险的目的。但是我敢对你保证,作为区区一名个体投资人,你会为了这种卖出期权的保险投资付出高额的保险费的,因为卖出期权是非常昂贵的,而且,相应交易的处置费也很高。如果你感到你的普通股票面临着很大的降价趋势,不如提前一步,把那些股票售出,或者至少减少一些你的股份,直到你感到比较安稳为止,那时你会感到自己的实力还可以承受股市较大的跌宕。

谎言44:
风险资产基金是一项了不起的从事高技术冲浪的活动。

风险资本基金是一种非常奇妙的投资载体。他们在数千家很小的公司中投资,所寄予的希望是,未来,其中哪怕只有区区几家小公司能发展壮大成资产雄厚的大型公司,其所创造的优异的价值反馈远远可以覆盖初期投资时的所有资产投入。

许多风险资本基金的经营公司从未发现那种藏在干草堆里的宝石,最终只能削减投资方向,收拢资金了事。最成功的风险资本基金公司能够针对屈指可数的几家公司,这几家公司未来所产生的效益回馈可以满足风险资本基金公司所有的收益需求。他们对自己在雅虎和谷歌公司的成功投资引以为傲,这两家公司给他们回馈的收益是他们初始投资额的数千倍,不过他们没有告诉你的是,他们广泛投资的全部项目中,有99%都是颗粒无收的。

对投资者来说,想要判断哪一种风险资本会幸运、有效地运作并产出巨大,那几乎是不可能的。如果有两家风险资本公司,每一家有 1 000 份投资,其中一个公司有 7 个投资项目后来价值暴涨并且被公认为市场老大;而另一公司仅有 2 个投资项目后来小有收获,但在市场上属于失败案例。谁能说得清这 2 个风险资本经营公司之间的成败差异是不是运气的好坏决定的?

相对于整个的 1 000 份各种投资总量,成功的案例比例如此之小,对某些幸运的人来说,其成功率也只有 0.7%,而另一些人只有 0.2% 的成功率,其投资收获与前者远不能相提并论。看起来确实有点夸张。

中间商的典型代表就是风险资本家。他们是真正努力做到除了自己获利之外绝不惠及他人的。假如你有一个颇具高技术含量的好主意,并相信它可以为你赚取大量钱财,然后你把它带到风险资本公司去做一点小小的融资,他们最大的可能性是最终夺走对你的公司的控制权,还要占有多达 80%~90% 的公司股份。你的地位很快就会从公司的奠基者和拥有者下降为按月领工资的雇员。

与此相似,作为一个投资者,在一个风险资本经营公司的投资管理办公室里,你绝不能有那种自我感觉,好像自己就是该公司的合伙人。在这场交易中,他们显然已经把你跨过去,也就是越俎代庖了。他们试图从自己的资产组合中卸掉一个公司,因为他们不再相信那个公司会为他们产生足够的利润来满足他们的需要,而你作为投资者却在购买那个他们抛弃的公司。

过去时常有争议说这些投资资产项目仍然具有很大的发展潜力,只是不合乎风险资本基金公司的长期策略而已。如今,许多风险资本公司都在做更长远的投资经营,其中有一些甚至在做杠杆收购股权,因此,如果他们的投资资产组合中有一家公司可以确定每年有 40%~50% 的增长,对他们来说就算值得把该公司列入他们的资产组合之中了。风险资本公司把一些公司公开交易的真正原因是,他们已经对那些公司的发展前景不抱希望了。他们认为,继续让那些公司留在自己的资产组合中风险太大,不值得那样做。

我们早就探讨过,何以许多高技术公司在市场上被过高估价。人们假设那些公司将会在一段较长的时间内香火旺盛，于是对它们未来在市场上确立股票价格后的收益、分红，都赋予很高的期望值。但高技术行业有一个与众不同的特点：许多这类高技术公司很快发现自己的产品和服务迅速变得落伍和过时，并且很快被其他新的高技术公司提供的新产品取而代之。

在21世纪初，高技术行业由盛而衰的期间，一个没有被人们发现的最大阴谋是，投资银行，急切地想跟风险资本家做买卖，使即将对市场开放的高技术公司的价值迅速膨胀起来。标准战略是把投资资产公司所占有的高技术公司的股份转至投资银行的最大客户机构名下——它可以看到股价应参股者的要求而上升，同时，在1～6个月的期间，卸掉个体投资者的份额。到了骗局结束之后，股票价格回落到地上，投资银行最大也是最好的客户退出股市，乔伊6人组只落得给人拎包的下场。在高技术行业昙花一现之后，我常感到大惑不解的是，更多的个体投资者没有采取共同起诉的行动，也没有试图从投资银行挽回他们因受到上述阴谋的愚弄而蒙受的损失。我相信，这些投资者宁愿暗地里自舔伤口，而后不声不响地走开，也不愿公开承认自己被人以诡计骗走数千万美元的资产，归途上的空虚黯淡之情何等难耐。

谎言 45：
商品价格当然要在全球衰退的情况下应运下跌。

对于一般商品的投资，很难恰当地分析并得出那些商品是否超值或贬值的结论。无论哪种你能指出的商品，从木材到油料甚至到猪肉，都有成千上万名专家对其进行分析研究，那些专家比你我的见识广得多，尤其在他们的专业领域更是术业精深，由此可见，我们跟他们在商品交易上竞争，根本成不了气候。

在当今的环境中，即使你仍希望搞商品贸易，也存在着一个基础性的问题，那就是难以确定那些商品的价格是被高估了还是低估了。

最近，商品价格经过了一个峰值期，当时原油价格曾接近150美元一桶。据我对全球经济的了解，我不认为这种价格可以持续下去，而且我也是这么说的，告诉投资者，去卖石油、木材、原铜以及除了黄金之外的所有商品。我看出全球市场对这些商品的需求在经济衰退到来的时候很快就会大量萎缩，商品价格的急剧上升也全无意义。价格攀升到了戏剧化的程度，特别是原油，我忽然意识到那并非真实的市场价格，而是有些人正试图搞市场垄断。想要搞市场垄断的最后一人是邦吉·亨特(Bunky Hunt)，他想买空世界上所有的金属银，并且使其价格上涨。商品市场如此之大，如此富于流动性，几乎使任何人想要在市场上对任何商品搞垄断都是不可能的，尤其是石油。有些对冲基金公司曾想一试身手，但是他们的口袋不够深。不过，世界上最深的口袋——那些石油生产商本身，如沙特·阿拉伯，有很好的理由想要推动石油价格攀升。据估计，以每桶150美元的价格，沙特·阿拉伯的地下还埋着价值接近百万亿美元的原油。人为提高原油价格、垄断市场并且在将来操纵市场价格，将会让某些人每星期损失10亿美元之多；在这些市场上每天都高价购买原油，那可谓天大的真实损失。不过，每星期10亿美元，或者说每年500亿美元，对某些人来说还属小菜一碟，因为他们还有价值千万亿美元的原油埋在地下。每年500亿美元也就是100万亿美元的0.05%左右，对于哄抬石油市场价格所需要的代价，只不过是一笔很小的开销。

如同曾经说过的，即便是受操纵的市场也不得不顺从自然经济的力量。最终结果是，全球经济危机比人们预料的还要糟糕许多，石油高价跌落，与大多数其他商品一样大幅度跌下来。

有些人或许认为，商品价格下跌过多，投资机会也随之减少；另一些人想在未来市场上销售紧俏商品，因为他们相信价格滑坡还没有终止。

在商品市场，无论实施哪种策略，都有一个问题。问题在于，持续的全球衰退行将遏制这些商品的真实需求，至少在可预见的未来时期内会如此。因此，这些商品的真实价格将会停留在现有的低水平上，而且可能还会下降。但是虚价，也就是你在报纸上看到的这些商品的标价，说不定会有抬头之势。原因是，世界各地的政府纷纷出资数万亿美元来拯救他们的金融机构，或许不得不开始印制大量钞票，从而造成总体性的通货膨胀。如果通货膨胀消退,这些商品的价格,至少是他们的虚拟价格,会趋于爆发,首当其冲的是那些忙于印制钞票国家,他们的货币尤其会发生问题。

这就解释了不良投资究竟是怎么回事。在分析研究的基础上,你已经发现了两种相互抵触的影响:由于在全球经济衰退之时,市场缺乏真实需求,真实的商品价格可能会下降;但由于通货膨胀的卷土重来,它们很可能还会升高到正常的水平上。对那种最强大的力量正从相反的方向驱动潜在价格变化的投资项目,最好退避三舍。

谎言 46:

不用在意当前的崩溃局面,房产永远是一项长远的良好投资。

如同你或许已经意识到的,我已经写了两本书,专门就房地产行业的状况予以分析和评论, 如今, 对房产价格的前景, 我依然不抱乐观态度。2003年,我建议我的读者们卖掉手里的房产,暂且先租房子住,或者,至少可以先以套期保值的方式购买房利美的房产;2006年, 我预计美国将目睹房产价格下滑 25% ~ 35%,尤以加利福尼亚和佛罗里达为重灾区,价格可跌破 60%。因此,当我又说房产是好的投资项目,你可能会感到十分惊讶。

一旦房产价格回落到较为正常的水平,我相信它还会成为好的投资方向。但是显然有一个问题,什么是正常水平? 我们什么时候能看见房价下滑的底线? 全美的房产现在仍然明显定价过高。购买房产也仍然比租赁房屋昂贵许多,即便有了减税政策,这种差异未来还将继续加大,房屋租赁价格还会随着经济衰退继续下降。

银行现在更不愿意放贷给新的购房者, 并且要求的首付款数量也大了许多,抵押贷款更难以得到。人们也不情愿花上百万美元购置一所房子,尤其是先得付 20% 预付款,况且,如果他们的抵押赔付不能获准高于他们收入的 25%,就很难获得贷款资格。

未来房产价格不得不继续下降, 因为没有足够的银行基金可供支付如此高的房价。但是,即使银行愿意贷款给买房者,我也不相信在今天的经济环境中还会有多少人急切地想买房。这并不单说明,在市场价格大起大落的条件下,他们明白那是一种冒险的决定。它还说明,他们已经有了自己的结论,那就是:把自己净收入的很大一个百分比拿出来购买住宅房产,是一件毫无意义的事情。把个人资产如此大量集中投诸住宅房产,对他们的多样化投资计划造成了严重的干扰。而且,聪明的投资者能够意识到,这样使用个人资产是很缺乏创造性的。

如果你住在自己名下的房产里,那就不算是一种投资,而是消费。你提前消费了自己的投资收益,因为,假如你把这套房产出租,它会为你产生租赁收益,而自己住用,你等于自己消费了这笔租赁收益。你不能指望未来房产价格还会如此戏剧性地上升,从而使你居住的房产还会多少有些收益。不过很可能,从现在起大约 24 个月之后,聪明的投资者还有望获得房地产投资的机会。观察行业动态和前景,就很容易了解到何时房地产投资会有实际意义。房屋租赁收益不仅需覆盖抵押赔付资金、房屋修缮以及税费,还应使你的投资得到相当的收益。由于房产价格的再次升高不太可能,你也就不能指望它挽救你的投资每月只能产生负的现金流的状况。

一旦房产价格落到底线,如果你还能发现可能的投资项目,我相信那会成为好的投资。理由是,在一段较长时期之后,房产投资可以成为一个抵充通货膨胀的有效手段。不同于股票市场,它们的现金流在高通胀时期会受到很大影响,房产是真实的资产,它不像普通商品那样,随着大环境的通货膨胀,在价格上一美元、一美元地上升。如果价格稳定在一个水平上,你可以从源源不断的房租获得不错的现金收益,并且享受你的投资冲抵通货膨胀所带来的实际利益,这才可以称得上是良好的投资。

谎言 47:

黄金是一项不好的投资,因为它在产业系统中几乎没有生产性用途。

黄金在工业上很少被使用,这种说法不错。奇怪的是,从投资的角度说,黄金的这种特点倒成了优势,而不是劣势。人们投资黄金并不是由于它有什么生产性能。黄金作为一种投资项目仅仅是人们为了冲抵通货膨胀影响所采取的套期保值的策略。现在我们谈的是总体性的通货膨胀,在此期间所有商品的平均价格都有所升高,原因是政府正在印制大量钞票。如果政府印制的钞票翻了一番,那么所有其他条件不变的情况下,价格就肯定变为原来的两倍。这并不意味着人们对商品赋予的价值更高了,它们仅仅是值更多的美元数量,因为政府把更多美元钞票印了出来。但是如果你在固定收益率的期票上有投资,而且对政府过量印制钞票造成通货膨胀的可能性没有防护手段,你的投资资产将受到严重威胁。因而在黄金上投资是一个好机会,因为它可以冲抵意外的通货膨胀的冲击。

普通商品在高通胀时期会走俏。但是,如同我们所见的,其他商品如木材、铜、钢铁和石油等,这些在生产型经济活动中如此重要的材料,都可能随着经济滑坡而受到价格上的冲击。黄金,由于在工业生产上很少被利用,应当不会发生降价这种事;况且近来,其他商品价格随着全球经济衰退而统统下降,黄金价格的确没有下降。

因此这里要重申的是,投资黄金的唯一理由是对抗通货膨胀的价格冲击。世界上,黄金的供应是相对稳定和持续性的。黄金很少用于工业生产这一事实意味着对黄金的需求相对于全球的供应量来说还是很低的。另外,世界上一些黄金储量大的国家由许多银行系统储蓄大量黄金,因此不仅供应量非常之大,还具有相当的持续性——那正是你希望一种通货所具有的特性。

过去10年,美联储曾在世界范围开始一场运动,号召减少黄金持有量并更多购置可在市场上交换的有价债券,如国库券。国库券,每年回馈固定的利率,对那些拥有黄金但没有多少现金收益的国家,具有实际的吸引力。有人可能会想,这一运动——意在使世界上一些国家的银行储蓄系统买入美国国债债券——本身已经减缓,即便不是完全结束的话。在当前这场经济危机期间,世界各国必须清楚的是,即便是强大如美国这样的国家现在都有破产的危险,假如它们坚持保有美国国债甚至蓄积美元,那无疑是在冒险。现在美元储蓄利率已经接近零了。

现在,黄金比美元更好,因为黄金在世界上的供应量相对稳定。由于黄金很少用于生产性活动, 因此几乎没有什么新的矿藏开发出来产生新的黄金供应源。美元可以被一夜之间印刷出来,对那些保有美元货币的人造成巨大的贬值损失, 而黄金在全世界的供应量不可能如此之快地膨胀起来。这也是黄金投资更有吸引力的原因,尤其是,如果你关注到世界上有哪些国家出现通货膨胀现象的话。

谎言 48:

与普通股票相比,首选股是更好的投资。

我一向以为,购买纯粹的公司优选股的个体投资者恐怕是世界上最蠢的投资者。他们听说优选股都是公司普通股票中的优级份额,假如公司破产,优选股的持有者将会先于普通股得到赔付。但是优选股投资同样是资产投资。因此,到了公司濒临破产的关口,在负债债券投资者设法将债券大量脱手之前,他们已经山穷水尽了。很难想象破产的公司一笔勾销所有普通股票投资者的债务然后停下来把他们所欠优选股投资者的资金全部奉还。不,在大多数情况下,破产公司的律师会在普通股中划一条线,然后注销优选股,假定这两者在破产的前提下不再有任何价值。

但是即使你在公司破产的时候占有很强大的地位, 你持有优选股而非普通股,在你做出投资决定,把优选股投资作为你投资的主攻方向,也是很不明智的。破产对于任何公司都是一件非常严重的事情,发生破产的危险性一般来说小之又小,因此通常不会左右人们的投资思路。99%的时候,你所投资的公司是不会走向破产的,因此你不能把投资决策建立在概率仅为 1% 的破产可能之上。

优选股存在的真正问题是,公司的意图何在。一个发行优选股的公司就等于在说:他们的负债杠杆太高了,不能再发行债券了。它正在创造一个优选股息流——类似于,即便不是更昂贵,其拖欠债务的利息费用,但是优选股分红不能像负债利息那样获得税务减免。

发行优选股的公司属于典型的以过高的负债杠杆经营的，他们不能再发行更多的负债债券，只能满足他们的负债投资者,他们必须为公司增大资产储蓄。这些公司应当吸纳新的资产,但是投资者在这种情况下要购买普通资产,因此,假如公司状况能够逆转,新的普通股投资者的股份就要在收益上占上风。

优选股投资者在经济收益上不会占上风。他们却拥有所有普通股投资者可能面临的所有的贬值风险,而且,最有可能的是,一旦公司破产,他们会一无所得,不同于普通股投资者的是,他们永远不可能比他们在公司的外本金投资得到更多的钱。

由于优选股是公司从自己利益出发想出来的一个坏主意,对于投资者来说,无疑就是一个恶意的圈套。陷于困境的公司不仅不能发行债券,还会被迫发行优选股,他们甚至不能发行普通股。原因是,假如过几年他们的资产价值下降,他们的股票价格或许可以在低价交易;而任何新发布的普通股股票,都将显著冲减现有普通股持股人的收益。

因此,远离优选股的理由就是,任何发行优选股的公司基本上都承认它们的负债过多,不想再发行更多债券了,或者是不被允许那么做,而它们的普通股票价格迄今已经下降了,因此它不能对新的普通股票资产形成冲减之势。

可自由兑换的优选股可以另当别论。典型的可以自由兑换的优选股是百分之百可以自由兑换成该公司普通股资产的,但是要根据溢价决定其市场价格。

假如你真的持有某公司具有升值潜力的股票份额,那么我不反对你投资那种可自由兑换的优选股。但是不要以为你比市场高明得多,能全无代价地获得这种投资优待。华尔街上已经有成千上万的专业人员靠分析可自由兑换优选股票谋生,每天琢磨的就是可自由兑换优选股票的收益与潜在资产交易的真实意图,专门判定这两者之间的区别何在。

第七章

关于经济形势的谎言

谎言 49：

目前的失业率为 7.2%。

我们被告知，在布什政府治下，最近一轮的失业率达到 4.5% 的新低，在奥巴马开始执政伊始，失业率高居 7.2%，而且，如果经济学家设计的路数不对，它会一路朝着 9%~10% 的高度攀升。

我不相信这些数字准确地反映了美国最近存在的失业率。我认为失业率的实际数字应该接近了 25%。我相信有 1/4 处于工作年龄的美国人正渴望获得充分就业的机会，但是他们得不到。

这是一种令人震惊的差异，如果我是对的，那就提出了对美国政府公布给我们的所有统计数字可信度的质疑，同时也提出了另一个问题：我们是否正在受到政府的误导。《动物庄园》的那群马一直被一群猪提供给它们的政府统计数字误导，说它们工作得很差劲；那群马听到报道后也只能一如既往地表现出接受和忍耐，并表示要更卖力气工作。《动物庄园》是一个虚拟的独裁政体的状况，却与我们政府报道经济状况的方式那么相似，实在令人不胜惊诧。

美国政府告诉我们的 7.2% 的失业率数字，仅仅包括那些主动寻找工作机会的个人，这是政府补充说的。甚至，政府也承认，这 7.2% 的官方统计数字，假如囊括进其他状况的人群——如钟点工，如果有机会的话，他们情愿全天工作——那么这个数字就会接近 13.5%。

但我依然认为，这个数字仍然戏剧性地低估了我们失业问题的严重程度。

我们可以从不同角度来看这个问题。我们不妨审视一下美国就业人数的百分比，暂且不看究竟有多少人失业。美国现在的人口有 3.1 亿，其中大约 8 000 万是儿童，他们太小，还不能工作。

剩下的 2.3 亿美国人年龄超过工作起始线，他们当中有些人年龄过大，不能从事工作了，或者已经可以退休，舒服地享受着自己的积蓄颐养天年了。再加上，这 2.3 亿人之中还有一些是在校大学生、一些残疾人和一些没有工作能力的人。另有一些人关在监狱里。每年还有一个越来越小的数字代表的是那些自愿从事家庭劳动而不进入劳动市场的妇女。我之所以说这个数字越来越小，是因为在过去 40 年间，拥有全天工作职务的妇女人数已经从 31% 发展到接近 65% 了。

但是，而且关键的是，如今仅仅有 1.34 亿美国人充分就业。对于一个美国工作年龄人数的百分比，就业人数仅仅占 61%。即便允许年长者（据说美国工作年龄人口的 3% 属于超过 65 岁的长者）、残疾人（将近工作年龄人口的 1%）、监狱关押人口（大约 1%）、大学生（约占 3%），还有家庭妇女（大约 6%），我们仍然有 25% 的处于工作年龄的美国人没有工作。这还不算那些一旦有适当机会就可以工作的家庭妇女、老年人、大学生和残疾人。

除了对美国公众扯谎说，有多少他们的美国公民朋友正在工作之外，这项统计数字还是一个国家经济健康的主要指标，在失业问题上扯谎，具有远为巨大的不良影响。失业数字是要被许多经济学家用来作关键的参考指标，考察我们的经济活动是否处于全力或全方位运行状况的。

当报道的失业率下降到 5%，大多数经济学家就会感到满意，认为我们的经济正在全力运行之中，而任何其他刺激手段都只能引起通货膨胀。我们在本章的后一部分将看到充分就业与经济领域全面通货膨胀并没有必然联系。但是可以想象一下，假如政府和它的经济顾问都相信，如果报告的失业率为 5% 抑或是 7%，那么一切正常，可高枕无忧，哪怕真实的失业率数字接近 20% ~ 25%。结果是，如此庞大的失业人口被政府系统忽略并且生活在饥饿和医疗保健的匮乏之中,没有机会摆脱贫困,而政府甚至根本不承认他们的存在。

另外,这些永久性不能充分就业或者失业人口不得不另辟蹊径去喂养自己的后代,由此他们变成了地下经济与黑市的人力构成部分。许多人最终进入违法行业,甚至有许多人参与非法药品交易,更多的人只是简单地放弃了抗争。如今监狱里关着的还有 200 万美国人。你可以肯定的是,他们绝不会被包括在报告的失业人口数字之中。

我们经济体系中的失业状况实际上还要糟糕得多。这是由于美国把它的制造业大量向海外出口造成的。制造业处于高轮转状态,而且在经济衰落时,制造业的工人很自然地首先遭到解雇。经济萧条时期的失业问题到了一个周期的末尾仍然得不到解决的原因还在于,我们的制造业生产基地被转移到发展中国家去了。不仅是美国人被解雇了,发展中国家工人也遭到了解雇。我并不是说,我们在谈论美国工人状况的时候必须要把发展中国家工人问题相提并论。但是我们需要清楚的是,我们的经济体系以及它的崩溃,先是在世界上造成了很严重的失业问题,其后又殃及国内。类似的情况是,经济衰退时首当其冲丧失工作的是住宅建筑业、房屋装修业以及园林建设以及房屋修缮行业。有些行业很大程度上依赖非法移民提供的劳动力。经济衰退中失业趋势不能得到尽早遏止的原因之一就是这些非法移民失去了工作,但是他们从一开始就不曾以就业者身份登记在册。他们永远要从桌子底下领取劳动报酬。许多墨西哥人非法越境并生活在美国,现在又重新返回墨西哥,就是因为在这里找不到工作机会了。

谎言 50:

当前报告的真实 GDP 的下降程度实际上被过高估计了。

有些人曾分辩说,最近 GDP 的下降是被过高估计了,我们的经济会从当前的衰落状态很快反弹回去。GDP 在 2008年中期一直在下滑,而这一年正值大选,直到乔治·布什的减税政策获得通过,当年第三季度的消费才暂时出现了抬头之势。接着,2008年第三季度和第四季度,消费指数下降为负值。现在,进入2009年中期,由于奥巴马的经济刺激方案出台,消费指数又将重新抬头。

我相信,GDP需要被拉回到一个更可以耐受的水平。政府想靠过度借贷和刺激消费者花钱,勉强把GDP维持在一定水平,实际上不可能奏效。试图继续在这类措施上下工夫也是徒劳的。就如同住宅房产,通过放宽抵押贷款限制,房价曾达到普遍难以接受的水平,现在则必须回归到更为理性的价格水平上,使得人人都能承受。试图保持GDP水平和房价超高水平的措施都不会有效,还将浪费数万亿美元,使原本财力不足的政府更加捉襟见肘。

GDP据报告为真实的GDP;实际上已经由假定的通货膨胀或者由消费价格指数衡量而定的通货紧缩相应打过折扣了。他们的真实意图是想发现:是否生产力的真实数量已经增长了,无论价格是高是低。它之所以被称作真实的GDP,是由于货币供应量增加而且物价普遍升高了。这种物价的升高无疑是不真实的。它们所反映的并不是市场对那些商品的需求量增加了,而只能说明系统中的货币太多了。

当今环境下,人们又在关心通货紧缩,而我不敢肯定物价下降不是真的。在我看来,而且仅仅是我个人观点,真实物价正在全面下降。在现在的价格水平上,人们对商品的需求量已经减少。他们不愿消费价值百万美元在住房上,他们对每天600美元的宾馆房间也不感兴趣,他们还放弃了需耗费4 000美元之多的度假计划,加之,他们也缺乏足够的积蓄购买那些标价3万美元之高的蒂芙尼珠宝首饰。

如果物价当真如我们近来见到的那样,在通货紧缩环境中"真实"下降,就是说它们反映的是消费者对那些商品不仅需求较少,而且还比较不认识那些商品的价值所在,那么政府所报告的GDP数字就低估了经济滑坡的实际规模。

当我们说,真实的GDP已经在通货紧缩期间下降了5%,此间物价也下降了5%,我们就没有计入消费者在这一经济状况下的价值损失。消费者的购买力不仅下降了5个百分点,他们还会少付5%以上来购置商品,因为他们并不认为那些商品真值那么多钱。以上述状况为例，那就说明 GDP 的真实价值下降 10%，如果你把真实的物价下降计算进去，有 5% 没有在真实的 GDP 中显示出来。

经济学家可能会辩解说，我们处于通货紧缩环境的原因是货币供应正在收缩。这我可不敢苟同。美联储在职权所能及的范围内用尽了所有招数向银行系统大量注资。银行正在向消费者敞开供应资金，而消费者呢，最终，却开始存钱。但是，大量的高能量的货币——也就是现金加上银行储蓄——正在系统中增加积累，而不是减少，因此很难说这种状况可以算是通货紧缩。对这种状况我并非不懂装懂，但是我确信我们亲眼所见的物价下滑反映了人们对当前经济环境提供的商品赋予了较低的认定价值。

我感到这么说比较贴切的理由是，先前几乎所有商品的价格确曾达到了天文数字水平。几杯咖啡就卖到 6 美元，一条牛仔裤卖 300 美元，太阳镜要 250 美元一副，看过即扔的杂志也要 5 美元一份，人们每个月要花数百美元支付手机费和有线电视费，一瓶几口就喝光的啤酒也要 30 美元，香槟要 200 美元一瓶，而且在纽约的某些酒吧和饭店，除非你花数千美元买他们的酒水并连带着消费他们的饭菜，否则休想在桌子边上小坐一会儿。物价已经高到令人难以承受的水平，它们必须降下来，无论货币供应发生怎样的变化。

谎言 51：

通货膨胀是过热的经济与过低的失业率以及工人要求过高的工资所导致的。

总体性的通货膨胀是由政府印刷过多钞票引起的。如果你能了解到，除非钞票过剩，也就是现金过多，否则所有东西都不可能涨价。

我很怀疑，到底有没有经济学家或在此领域博古通今的学者能够理解这个简单的事实。在经济繁荣时期的每一天，我们都能领略到金融领域的专业性注释，对我们说：我们最好小心一点，失业率已经变得如此之低，我们最终将不得不在劳动力市场上讨价还价，甚至还会引起整个经济体系的通货膨胀。

这也太荒诞了，股票可以被允许涨价，房产可以被允许涨价，我们能想得出的任何一种商品都可以被允许涨价，可是一旦工资开始上涨，警钟就响彻华盛顿，政府就要严加惩治了，就要用紧缩货币政策来遏制劳工工资的增长。

反正这两种情况必有一种为真，只不过哪种情况对我们都不利。其一，或许经济学家真的不懂这个事儿，错把事情说得过于简单。其二，也是更令人不安的一点，那就是经济学家明明知道正在发生着什么，但是不表示反对，甚至佯装不知，因为他们也是整个系统的一部分，这个系统构建起来，专门为了保护公司、财团的利益以及银行的利润率，而绝不允许工资抬头的。我们在后面的章节将会看到美联储更关心的是我们银行的经济健康，而绝不是美国劳工的健康。

请不要误认为我在这里胡编乱造。任期内超过30次以上，艾伦·格林斯潘被要求在国会作证，对大家解释经济状况的所以然。几乎无一例外，他接受的询问都是关于通货膨胀是否已经成为国家应予关注的严重问题，而他无一例外地让大家放了心：不会的，尽管工人的生产力在不断提高，平均工人的工资经过总体通胀的调节并没有增长。他认为那是他的职责所在，每次工人提出涨工资，他就要上前一步，饱以老拳，粉碎这种企图。美国人可知道他在谈论谁的工资？他说的是你们大家的工资！这可是一个非常精彩的实例，说明我们的政府代表的是哪些人，我们的官员正经在为谁工作，不过是那些肯出大笔竞选捐资和游说润资的大公司和大财团。

谎言 52：

美联储在为所有美国人工作，而且致力于保持经济增长和活力。

原来，美联储并不是政府的一部分，它是独立的，而且这样一种机构并不是代表所有美国公民从事工作的。美联储被联邦储备董事会控制着。仅有联邦储备董事会的主席是由美国总统任命的。其他成员是地区董事会指定的,而地区董事会是被商业银行全权控制的。历史上,大多数人都以为美联储是代表他们工作的。实际上并非如此。它仅代表商业银行。在大多数事务上,包括提高商业银行的稳定性,公众都会支持美联储的行动。但是在有些涉及公众利益和商业银行所属行业的利益的事务上,两者是直接对立的。我一向认为,美联储在经济系统和民众的职业受到威胁的时候才会采取行动。现在我相信,那并不是他们行动的真正动机。我认为只有当商业银行的利益受到威胁的时候他们才会采取行动。

美联储在整个国家趋向衰退的时候放松货币管制,不是像它声称的那样帮助增加就业率,而是要帮助他们的商业银行,因为商业银行面临严重的信贷损失。借助降低利率和放松货币管制,通过低息短期借贷和较高利率的长期借贷,美联储使银行比较易于恢复它们的资金储备量。

美联储绝对不是站在劳工一方的。他们甚至惧怕良好的经济条件会招致就业率的上升。他们担心的是,获得充分就业机会的劳工或许就有能力跟管理方就工资问题讨价还价乃至使工资提高,这种结果在美联储看来就属通货膨胀性质。

美联储对于劳动者获得公平的工资收入丝毫不感兴趣。劳动者的工资是公司集团的一笔巨大开支,如果这项开支增大,公司集团就会上报较低的利润,他们偿还自己债务就比较困难,许多公司都欠商业银行的债,而美联储是要听命于商业银行的。

令人们不解的是,当房地产市场和抵押品市场危机四伏的时候,为什么艾伦·格林斯潘没有及时吹哨呢?或者,为什么他眼睁睁看着经济泡沫不断胀大,而没有及时地提高利率呢?答案是:美联储主席需向其报告的商业银行乘经济表面繁荣之机正把自家日子过得热火朝天。那时候他们正忙着报告创纪录的利润增长。艾伦·克林斯潘可不想那个时候扫人家的兴。格林斯潘也正从全美各地接到报告,说抵押贷款有点失控了,还有报告称,抵押贷款行业已经有驳回抵押品赎回权的行动,而且还比较普遍;抵押的条款何等苛刻,一旦赎回权被驳回,它们就永不可归还了。格林斯潘却未举一筹。

有些人怀疑商业银行受到了金融危机的冲击,以资金上的巨大损失告终。但是它们损失的资金数量,较之于过去 20 年间通过肆无忌惮向房产市场放贷以及通过基础建设贷款、商业地产贷款、高风险低档债券、过渡债券,以及向对冲基金公司和私人资产集团放贷,所获得的数万亿美元的利润,微乎其微,这还姑且不计它们通过收缴消费者在助学贷款、购车贷款以及信用卡消费上的高额费用获得的收益。

甚至还不清楚商业银行是如何打算的,美联储就给了它们想要的一切。更少的管制,更低的透明度,更多地在银行里采用杠杆调节手段,对它们的派生市场占有不予限制,对商业银行与投资银行联合行动开绿灯,从而导致证券行业整体崩溃。

美联储创建伊始,人们并不想要一个听命于国会那样的政治机构的专门控制货币供应的组织。表面上,这似乎还算是一种合乎逻辑的解释。但是相反,他们让美联储听命于商业银行。这就如同一把匕首,径直刺入美国男女劳动者的心脏。

谎言 53:
经济往复循环和退缩对于良好运行的经济都是必要的,也是正常的。

我们已经在凋敝的经济环境中生活良久,如果有谁认为这是不可避免的,是商业周期的一个正常部分,那么产生这种想法也很正常。没有人曾经令我信服地解释清楚,何以一个正常的经济必须经历繁荣和衰退以及不时的萧条,对美国民众造成如此巨大的伤害。传统的智慧告诉我们说,人类的天性就是如此,在年景大好的时候,他们会变得过于自信,认为好时光会无尽地延续下去,于是就过度生产,过度刺激经济,终于导致经济陷于崩溃,也就是我们所谓的经济衰退。

我就是不相信这种传统的智慧。

我认为,是银行和美联储,后者也是由银行控制的,导致了经济衰退。我认为银行使用了过高的杠杆衡平手段,而且经营如此糟糕,以致他们经常性地陷入严重的信贷损失,其损失之大直接威胁到银行偿还能力。你可能认为,如果银行以 20∶1 的负债杠杆从事经营,应该不是太难的事情。一个以 20∶1 的负债杠杆经营的银行,经过信贷损失,仅仅损失其资产的 5% 就会破产。

每到一个新的 10 年期,我们都会诧异,银行怎么总能找到新的路子损失掉资金。有时,是商业房地产贷款,其中,开发商从银行借贷数 10 亿美元而不付任何抵押金。过去,农民曾从银行获得贷款,并受到鼓励去购买机械设备;而后,他们刚刚拿到贷款,银行就要重新评估他们的资产,他们的农田就会贬值,银行立即就召回贷款。20 世纪 90 年代,银行放贷给杠杆卖空的经营活动,将大量负债资产投入公司,后者全无偿还手段。更近一些的时期,银行放贷给买房者,让他们去购买价格过高的房产,并且还自认为仍属谨慎的行为,结果再一次覆水难收。

无论哪一方面的贷出资产出现问题,商业银行的反应都是一样的。他们立即拉回所有贷款业务,以防威胁到他们的基础储备。我认为商业银行这一撤回贷款服务的措施导致了经济的全面萎缩,正如他们在繁荣时期大肆放贷导致了难以持续的泡沫经济一样。美联储,如同我们看到的,是受控于商业银行的,稍有作为,只能把事情办糟。他们力所能逮的每件事都是在帮助他们供奉的商业银行,在经济萎缩期降低利率,并且用大量货币向市场注资。利率降低无非是在为下一步的经济繁荣和金融泡沫作铺垫,同时,物资和商品都开始涨价。美联储释放货币并将其注入金融系统造成了后来的通货膨胀,这对整个经济体系是极端有害的。

我相信我们能够消除几乎所有的经济低迷、萧条和资产泡沫,实际上只需要一个简单的措施:限制银行负债杠杆手段的使用量。如果银行仅仅被允许采用 8∶1 的杠杆比率,而不是 20∶1 或 30∶1,那么特殊行业的贷款问题就不会威胁到他们的总资产资金,他们也就不必削减对外贷款的数量了。我想,我们的商业银行系统还需要一种改变。我认为应该防止银行执行官和管理者收取现金分成,限制持股奖金或者在年收益丰厚时从银行中提取任购股票的特许红利。我会让银行的雇员靠工作拿薪水,给予他们相当于薪水 20% 的奖金,而不是我们近日惯见的 2 000% 的奖金。如果他们的工作有不俗的卓越表现,要求适当增加奖励,我将允许他们有限地占有公司股票份额,但是他们必须对相应股票适当付费,而且分红必须在 10 年后才能兑现为现金,或者在他们辞退银行职务以后全部兑现。这样我就可以确保他们始终保持长期努力的动力,使银行始终是一个不断发展的行业,让持股人的经营具有不断成长的活力。

最后,我认为我们需要重新考虑让商业银行的储备量得到美国政府的担保。这样做似乎为银行设置了一种道义风险,可以推动银行在从事冒险经营活动的时候要做更多的平衡性考虑而不致引起资本的严重缩减。当下,储蓄者并不在乎银行行动的风险度如何,因为他们知道,有政府在担保他们储蓄银行的充足资金基础。有人或许会质疑,政府担保银行的资金储备是否能造成一个更稳定的系统。我同意。我会取消政府对银行储备的担保,但是我会设置更严格的规章制度,限制银行可能的发展规模。没有一个银行可以大到一破产就能威胁整个金融系统的程度。到银行存款的储蓄者将必须始终如一地做到:在向银行存入储蓄资金之前,首先判断该银行是否拥有安全可靠的信誉记录。

谎言 54:

在一个国家,大的就业增长是经济健康繁荣的表现。

在有可能显示一个国家的经济状况是否健康和富有活力的所有指标中,我们通常喜欢引用的是其创造的就业率指标,特别是在新上任总统构建的政府着手工作的时候。

比尔·克林顿喜欢提醒我们的是,他在任期内创造了 2 200 万个新的就业岗位;乔治·布什则情愿忘掉自己 8 年的执政期间创造的新的就业机会少于 200 万个(而且仅 2008 年就有 260 万人失业)。

我并不想让我的话被误解,以为我在支持乔治·布什的任何政策,特别是他的经济政策,但是,我认为上述对国家经济状况的比较方式并不公允。

从结果上看,比尔·克林顿执政期,有上千万的移民获准进入我们的国家,他们中间许多人属于非法移民。另外,许多家庭主妇出去从事全日工作,原因是劳动者薪金一直不见增长。夫妇们意识到不能再单靠一方的薪水过日子。而最终,甚至连许多退休的老者都返回去工作了,因为他们发现,实际上那点退休金根本不能保障他们退休后的生活。

所以,在这个国家,就业数字的增长是由于更多的人在找工作。这个数字根本不是一个显示国家经济健康的有效指标。特别是当你意识到,克林顿和布什执政期间创造的大多数工作岗位都属于低工资的服务性工作岗位,如快餐店打杂或医疗保健行业中照顾老、幼、病患的勤杂工作,还有低水平的行政服务岗位,或者是当兵,替政府外出打仗。

由此我们发现,大多数反映我们国家经济强盛的指标完全是误导性的。就业率增长并不反映国家经济状况的良好,我们听到的失业率的统计数字也具有欺骗性,GDP 的连续增长原由被说得完全驴唇不对马嘴。你是否还愿意你的政府对你如此扯谎下去?

谎言 55:

减税会带来经济增长。

有些说法被重复足够多的次数,我们就可能相信。有太长的时间我们反复听到减税能够刺激经济增长这种说法。甚至,更令人不解的是,我们已经被引导着相信了:如果你削减税率,税收就会增加。一位南加州大学的经济学家,亚特·拉弗,就使自己的研究摆脱了这种简单而具有误导性的假设。

反正也没有证据,况且又没有任何发表的学术论文指出,减税可以促生更多的财政税收或者刺激经济增长。这种观点的支持者喜欢引用里根政府的政绩来说明,当你削减个人缴税的税率,经济就会起飞。

的确,里根大刀阔斧地削减了纳税人的税率,尤其是富裕公民的应缴税税率。有钱人看到他们的依法上交的联邦收入税税率从超过70%下降到只有35%。但这一削减只不过是给大众看的一个幻象,其实富裕户从来不把自己收入的70%交给政府。由于法定税率如此之高,有钱人会花大量时间在税务律师和税务顾问身上,请他们帮忙找到法律的空子和免税空间,因此他们大多数人最终只上缴少量税费,或者干脆分文不交。

即使你相信里根的减税动员起人们去更卖力气、更长时间地工作,你也不可能在减税与促进经济发展这两者中间发现因果关系。

我坚信,为里根政府打下基础的是,他很早就决心要让保罗·沃尔克,当时美联储的主席,停止印刷钞票。由于当时国家正在以赤字运行,这就意味着里根不得不命令财政部每年借入那些赤字。他对经济学家的叫嚣充耳不闻,任凭那些家伙在一旁争论是否政府借贷将挤掉私人投资并且使经济运行停滞。我相信他是从米尔顿·弗里德曼那里得到大多数上乘招数的,那些建议用在他的时代绝对正确和有效。

原来,政府借钱不会排挤任何私人投资,那时候有大量的公民从事投资。事实上,那正是利率起的作用。利率稍微升高一点,就会吸引各种类型的投资者和从旧世界里汲取出来的新的储蓄资金。

但是,里根计划的关键元素是,他制止了美联储继续印制钞票。这意味着,每年不再有新的货币进入流通领域,物价被稳定住了,通货膨胀就立即消退。一旦人们意识到政府不再从事钞票印刷,一旦人们真心相信这一点,长期的利率就降下来了。里根入主椭圆办公室时的利率为21.5%,而最后利率降到5.5%。里根治下的抵押贷款利率为16%,到了小布什执政,抵押利率降到了空前的最低点,4.5%。

我认为,这种名义上的利率下降并不是里根治下经济繁荣的主因,而实际上真正的利率并没有改变。相反,倒是如前所述,我恰恰认为通货膨胀本身对经济才是摧毁性的力量,因为它阻止公民个体参与长期的借贷行动,如购房、买车之类涉及最大的经济企业的事务。由此可见,里根确实采取了促进经济发展的行动。不过,我最能确信的是,他的减税政策与上述政绩无关。

对于减税是否能刺激经济发展的更有效验证来自乔治·布什执政期间。2001年,乔治·布什对富裕的美国人给予总数将近 3.5万亿美元的税务削减。而这些富裕的公民做了任何一位有理性的人必定要做的事情——把省下来的钱存入了银行。他们并没有用那些钱来创建公司,创造新的就业机会或者去刺激经济发展。无论怎样增长,那都是不足挂齿的,布什治下根本就没有真实的增长。而这种不见增长的态势主要还得归因于政府的过度开支,把钱用来开打昂贵的战争、戏剧化地铺张办公费用,还有许多钱投给了来自哈利伯顿(Halliburton)和类似公司的私人转包商,以及迅猛增加的消费,其中大部分是个人为购买住宅房产而借来的资金。所有这类负债筹资型的消费都是人为造成的,布什治下所有 GDP 报告的增长数字都是失真的。善恶到头终有报,现在就可见端倪了。

减税可以增加税收的说法几乎荒诞到了可笑的程度。布什,由于其减税措施,把他从克林顿和鲍勃·鲁宾手里接过来的遗产与 2 500亿美元的年度盈余加在一起,凑成 1.2万亿美元的年度运行赤字,很可能,在奥巴马的经济刺激计划中,这个数字现在已经接近 2万亿了。

我相信,许多经济学家其实都不相信所谓减税可以刺激经济增长的无稽之谈,而且他们也都是通过纳税使政府税收增加的,只不过我认为他们不敢挑明了说,因为他们知道富人,有权有势的人和这个国家最大的经济体都能在减税中获益匪浅。

另外一个现象是,我看到,在这世界上的所有优秀的经济学家之中,有个像亚特·拉弗一样的怪杰横空出世,带着他关于减税能增加税收的蠢话飞快地在电视和媒体上冒充天才露面了。并非由于他的见解经过了审慎的研究或者他的学术论文比世界上成千上万的经济学家写得更棒。甚至不是因为他的才气了不得,他被选中纯粹是因为他那愚蠢的理论可以为有钱有势的人公然从远不如他们富裕的人们手里盗取财富而辩护。

谎言 56：

更多的国家财富，平均而论，会使民众更幸福。

只有很少的基本原则可作为任何资本主义社会的基础。其中之一就是，人民是理性的，投资者和消费者都是从自己的最大利益出发而采取任何行动的。假如有选择，他们就会选择便宜的商品来消费，投资则要求较高的收益和较小的风险。

其二，如果所有个体和公司都是本着自己的最大利益而采取行动，市场将向着能够产生最大效益的方向发展。通过每个个体或集团以各自利益为出发点，在市场上的行动，价值在市场上实现最大化，社会则会处于最为良好的状态。在后面的文字中，我们将回到这一假设上去，继续探讨有关集体行动的功效问题。

其三，经济学家认为，一个国家变得越是富强，它的公民就会越幸福。这似乎有点同义反复。但是本书中我们已经研究过许多表面上看起来相当合乎逻辑的谎言。我相信这一说法也与之类似。

原来，那种研究是建立在这样一个基础上的：不同人群生活的幸福程度与其富裕程度之间的关系。这项研究的结果似乎显示，个人幸福度确实会随着家庭收入的增长（一直增长到接近 1 万美元的水平）而增长。这看上去很合逻辑，因为你起码拥有 1 万美元的家庭收入，其中大部分将用于维持生活的基本商品，并且足以消除缺乏充足食物、衣物、住房以及医疗保健所带来的痛苦。

超过 1 万美元的家庭收入，就有怪事要发生了。似乎家庭收入每增加 1 美元，个人反而会变得越发不开心。

假如这是真的，那就违反了在资本主义与经济增长理论背后一项主要的假设。想想看，假如平均收入为每年 1 万美元的阿根廷人跟平均收入为每年 6 万美元的美国公民相比，反而更加开心，岂不是难以置信？

其实，如果你到过阿根廷，就知道事情并非如此。你一到阿根廷就会很快察觉：是什么在为阿根廷的经济发展掣肘，答案很明显。阿根廷的人民生活在一个由腐败的总统控制的腐败的政府和腐败的法律系统和腐败的司法部门和腐败的警察控制下的腐败的社会之中。这样一个系统实在难以构建一种经济体系,保护你的产权,避免欺诈性交易,拥有合同信用,避免对官员行贿。

但是,遍览阿根廷,同样显著和令人难以置信的是,人们确实显得很开心。我没有对这个题目进行科学的研究,不过我可以告诉你我的第一印象。那里的人民看起来不是为了工作而生活,而是相反,他们是为了生活而工作。他们不会用一周 80 小时去工作,而且他们绝不把岗位上为完成的工作带回家。充盈他们生活的大多数为日常的社会生活事件、被家庭成员和大群的朋友所围绕。阿根廷餐馆里的餐桌一般是布置成 10 人或 12 人用餐的规模,而绝不像美国人那样都是两个人促膝就餐的小桌。仅这点就可以跟今日的美国做一个对比。美国的汉堡"巨无霸"行业利润上升是靠取消他们的四脚餐桌并代之以更多的两脚餐桌,因为他们意识到就餐的顾客都是单个来的,至多两人一起来。人们都似乎被他们的工作全部占据,一心只想往前奔。有钱人也不知道多少钱算是够。人人似乎都在一场争夺地位的比赛之中, 全力争取着最大的房子、最快的车子或者最显赫的职位。但是在这种追逐地位的竞争中,最后只有一个人会感到快意——那个得到最大的房子和最快的车子的人。我们其余的人则要永远承受被甩在最后,至多排在倒数第二的痛苦之中。新的经济研究正开始昭示我们,促使人们殚精竭虑的动机并不是绝对的富贵,而是相对的富裕。如果我们的基因正在驱动我们与我们的同行们不断为了社会地位而加剧竞争, 那就无怪乎我们如此努力工作却不感到快乐, 而且总是觉得周围人都比自己更有成就。

显然,阿根廷模式并不完美,但是有许多东西值得美国学习。毫无疑问,美国出落得更加成功,而它的人民却日益变得孤独和与世隔绝。当你朝高速公路上行驶的任何一辆小汽车望去,都会发现那车子显得空落和清冷,就如无人驾驶一般。甚至连那些为家人所环绕的美国人,回到自己富贵窝一样的大房子里,越发显得如居孤岛。他们自家的领土都以严密的藩篱和安全门阻隔于世,保安站岗,恨不得在房宅四周再挖一道壕沟,免得承受邻居的打扰。

不过这一切也有好的一面。假如情况相反，人类的快乐不需要成千上万美元的财富垫底儿，那就意味着我们无需担忧衣食匮乏，而且有足够的资源去照料那些不如我们富裕的人。当然，我们大可以把钱财统统捐给慈善机构。只是，我希望在成功的美国人民身上看到的是，他们不再花那么大量的时间在基本的工作上，有更多的时间从事第二职业——去帮助世界上那些穷困的人、疾病缠身的人、老来无靠的人和被剥夺了公民权利的人民。我相信，人们会从这样的工作中发现更大的成就感和快乐的源泉，那是区区一点争名逐利的快感远不能相比的。

谎言 57：
社会保险是一个关心老年人和穷人的计划。

社会保险是富兰克林·德拉诺·罗斯福创建的旨在关照老年贫困人群的行动计划。同时，在大萧条时代，美国的老年人口并不多，然而他们几乎都比较穷困。

今天，感谢现代医学的贡献，老年人的人数每天都在增长，几乎等同于美国劳动人口数字了。在罗斯福的时代，每一个人退休相对有 30 个在工作，而如今每个退休人员只对应两个在职人员。到生育高峰年代出生的那批人退休时，这两者的比例还会更加接近。

但是如今，并非所有老年人都是穷人。事实上，随着年龄增长，超过 65 岁的美国人大多属于美国最富裕的人群。家庭收入以 65 岁以上的老人为最高，平均而言，他们的个人净资产将近 27.5 万美元，与之形成鲜明对照的是，年龄在 20 ~ 40 岁之间的年轻美国人，每户净资产大约在 3 万美元左右。同样在老年人之间，财富分布也并不平均。有些人非常富有，另一些人拥有为数可观的积蓄，不靠社会保险过活。

据统计有 50% 的老年人收入有限，只能被列入贫穷的行列。但是我认为这种界定有点夸大。单凭收入数量判断退休人员的经济状况，这种衡量方法有欠公允。我们不如把关注重点放在了解究竟他们的富裕程度如何以及他们的资产是否足够提供他们安享余生。

单一关注他们的收入显得不很恰当的原因是，由于经济学理论告诉我们，人类工作期储蓄模式可能为：年轻的时候积蓄，年老的时候消费那些积蓄。如同本文前面提到过的，这个国家老年人的净资产每年都在增长而不是在减少。即便你的收入为零，假如你有雄厚的储蓄基础，你退休后依然可以活得舒舒服服。

贫困的定义同样不适合如今的老年人。贫困，是指那些以四口之家计算平均年收入低于 1.9 万美元的生活水平。75% 的美国老年人的住房都是全款买下的。大多数有老年人的家庭一般并没有四口人，而是只有一两个人常驻。假设，而且我意识到这是一个很大的假设，医疗费用由医疗保险解决，那么他们生活中就不会面临太多大项的开支。我的意思不是说那全无问题，而是说，假如他们的房产和医药开销都能得到解决，老年人完全可以凭借社会保险支付的养老金生活。

没有人愿意谈论对社会保险体系的任何改革和变动，即便这个体系业已破产，美国的年轻人为其支出却永远不会见到从中获益的可能。对社会保险体系进行改革的关键在于，应当认识到，今日的老年美国人，从各自净资产的角度，退休后都生活得很安逸。特别是相对于年轻人——他们正通过社会保险体系把自己的财富转移给老年人。

你可以简单地对社会保险体系进行调查，但是我认为那样将会对老年人构成伤害，因为他们先前为之付出过，认为它是一个退休账户，最终可以从中把属于自己的钱拿回来。一些人退休后很富有，并不意味着你就可以对他们做出违背社会契约的事情来。

我认为更好的办法是，继续为所有老年人支付社会保险费，但是在他们去世以后，假如他们还有丰厚的资产愿意留给后人，社会保险管理机构可以获准收回过去 3～4 年间支付的保险费。因为老人从不清楚自己的医疗费用、护理费用或者临终照料的费用到底会是多少，他们很自然地以坐拥远高于自己余生实际需求的财产告终。但是，如果社会保险费最终落到那些老人的继承人手里，那是没有道理也毫无意义的。

在老人故去后收回社会保险费盈余,在我看来是一种比较合理的解决方案。它不会在美国老年人在世的时候伤害他们,也不会妨碍他们准备充足的临终生活料理费用。而这种措施有助于解决年轻美国人的财富匮乏——他们可以减少那种数量与他们收入不相协调的大笔资金不断投入储蓄资产丰厚的老年人身上去。

谎言 58:
为了美国经济的健康,GDP 需要保持增长。

我以为,经济学家们,大概从一出生就相信一个健康的经济一定是一个不断增长的经济。他们认为,增长,可以解决所有问题。

在一个具有平均年收入为 1 000美元的发展中国家,经济学家这么想应该是对的。这些国家政府的政策应当是非常重视商业和增长的,因为有了增长,才能缓和来自匮乏和疾病的困扰,并且为公众提供接受教育的条件。

但是在一个充分发展起来的国家,比如美国,我看不出你凭什么一口咬定增长总是好的。我们已经在前面章节里看到,在 1 万美元的平均收入水平上简单地继续增加收入,并不一定会给国人带来更大的快乐。你可以反驳说,实际上是美国人民对消费的贪得无厌和物质至上的观念推动着经济的更大增长。

我并不那么看。我认为公司和企业集团的利益才是促使我们经济不断增长的主要驱动力。我们先前说过,公司不是人类个体,因此不应该参与基本社会事务的决策,比如:多大程度的增长是我们认为最适合的。公司是没有思想也无所顾忌的。公司的智慧不会超过我们为它们制定的内部章程。况且,在这个资本主义社会中,我们构建公司的方式不外乎是这样:它们的存在仅仅是为了股东增添价值。而为股东增添价值的一个主要途径就是让经济更大幅度增长。

因此,我们拥有这样一个社会,它的政府被公司和企业集团过度控制着，而且我们知道这些公司和集团不假思索也无所顾忌地只要求更大的增长。想想看，这是何等本末倒置的现象。我们创造出一个实际上是不真实的实体，所谓公司，然后我们通过内部章程告诉它，让它只关注增长，然后我们让它对我们的政府进行捐资和游说，然后我们以拥有一个仅注重增长而不采纳任何公民意见的政府而告终。我们制造出一个弗兰肯斯泰因式的怪物来为我们服务，现在它却反过头来让我们俯首为奴。当然，类似的可以被称作不真实的实体，也是我们的造物，就是我们的政府。

让我们看看，一个假设的未来，这颗星球上每一平方米都站着一个人，人们不得不花钱购买氧气以供呼吸，因为二氧化碳水平已经极高，人人穿着鞋底 6 英寸厚的鞋子，因为地球表面过热，难以坚持站在上面。在这样一个未来世界中，全球变暖和人口膨胀不断使地球接近极端气温，你可能就想要遏止经济增长了。好了，我要争论一件事。在那个未来的世界里，公司是不会同意的。他们根本不会考虑增长带来的所有不良因素，不会考虑人类生活质量的保持，不会考虑对这颗星球可能造成的破坏，他们只是一如既往地做他们想做的事情，那就是尽可能促使经济增长使股东的价值最大化。未来的公司将会依靠政府并且对这样一些政策予以支持，即：刺激更大人口增长、更大的工业产出和更多的浪费，让发展速度越来越快，并且动员全世界的公民一窝蜂地群起消费，人人争取消费越多越好，人人以提前消费未来资源为最大能事。

因此，我们的政府绝不应在是否增长为好的裁决上听从公司的意旨。

但是，在当前的金融危机中，我们的经济学家竭尽所能做出的每件事都是在防止 GDP 增长上哪怕是很小的减缓。他们不能想象一个 GDP 下降能成为好事的世界。在当前危机中，毫无疑问的是，世界经济只能从下列措施中得以恢复：减少在金融系统使用负债经营，减小金融股票的增长，并且允许 GDP 缩小到一个较为合理的水平。事实上地球本身也正在发出尖叫，要求减缓增长；而我们察觉到的现象则是全球变暖、水资源短缺、石油储量减少，等等，这些却统统不在经济学家的视野之中。他们的基本说法是，假如 GDP 缩减到 2003 年的水平，后果将是灾难性的。这实在是无稽之谈。2003 年从经济意义上说，对美国应该算是好年景了。那么，让 GDP

指标和消费与生产氛围都返回到那时的水平,究竟会出什么乱子? 我们可以人人减少 10% 的支出并且把它们留待明天。我们的经济将会被安置在一个更稳定和更有生产潜力的平台上。当然,我们或许还需要重新构建我们的银行和公司,并且减少它们的债务负担,从而使它们可以在 GDP 较小的世界里维持下去。有些高明的经济学家需要认识到,资本主义社会如何在一个零增长的社会中有效运行。公司和他们的股票持有者也应由于增进效率和生产力而得到奖励,而不是仅仅凭着在不断膨胀的世界人口中扩大它们的顾客群体而获益。或许这种境界我们无法达到。或许这正是资本主义的致命弱点。或许资本主义制度将下意识地推动我们趋向越来越快的经济增长,直到我们的经济和我们的地球都窒息而死。

谎言 59:
技术进步可以带动生产力的提高,从而带来更健康更幸福的社会。

经济学家另一个基本观点是,技术进步是好的,因为它可以带来更大的生产能力。表面上,这种观点很难反驳。医学进步应当能够使人们更健康、寿命更长。计算机技术的进步应当能够带来更好更多的资讯,使人们的生活更充实。更多的机器人应当能够从装配线上把人类劳动更多地解放出来。

但是,过去百年以来,我们见到了技术的长足进步。而我并不认为人类的劳动减少了。实际上人类付出的劳动一如既往。或许,有些与修理地球表面相关的、可累断脊梁的艰苦劳作已经削减了许多,但是人们仍然耗费大量时间在工作上,好像人人都在从事一场优胜劣汰的比赛,志在胜过邻人。

很少有人还在储蓄,钱够花就行。我无需任何更多的奢侈品。我认为我每周只工作 20 小时即可, 我宁愿花更多的时间陪伴家人和用于自己热衷的事情,无论巨细,都是自己的乐事。

我们看到,由于技术和生产力都得到了强化,现在仅仅用 11 个工时,装配线上就能生产出一辆汽车。 想想看,这意味着什么。如果存在着这样一个世界,其中,制作精良的和广为消费的只是汽车,这颗星球上的每一个人都拥有 200 辆汽车。对某些汽车爱好者,比如杰伊·雷诺,这种盛况近乎天堂。但是我想指出的是,我们可能会很快变成这样一种社会,它拥有如此巨大的生产力,从而必须鼓励消费和物质至上的理念,以求创造对所有产品和服务的更大需求, 而那些产品和需求有不断完善的技术提供不断的支持和保障。

美国人不可能要得了所有那些汽车、游艇和房屋。或许通过生产力的提高,技术更可以支持它们。公司将会带给社会更大的压力去强调消费和物质至上。这样一种强调, 我们已经从大公司打出的漫天广告里领略够了,必将带来一个更加自我为中心的社会,其中,人们彼此的衡量标准是:你有多少钱,而不是:你能作出多大贡献。你还能看到,在这样一个消费为基础的社会中,这颗星球上各个贫困的大陆将会受到何等的忽视,因为在那里, 他们人均开销根本不足以使他们吸引那些高级商品和服务供应商的注意。

我再次强调,我并不想留给人们错误的印象,好像我反对那种有益于生产力提高和节约成本的经济制度。只不过,随着公司片面强调增长,这里就产生了另一个必须说明的缘由,为什么人类,通过适度的代表政府,必须对公司和经济予以监督, 以确保这些经济体能代表我们的利益进行工作而不是与我们对立。我们能生产出那么多东西,不等于我们也必须消费那么多东西。

第八章

有关金融状况的谎言

谎言 60：

负债经营是好的，因为它增加持股者的资产收益。

学术界常年颠来倒去地探讨究竟何等程度使用负债杠杆经营公司才算合适。在这个世界上，公司交税呈现这样一种状况：最大程度地使用负债杠杆手段可以使公司交税数量最小化。因为对股票持有者的股息支付是扣除税费的。在一个公司与个人都需要纳税的世界上，使用负债杠杆的适宜程度就变得难以界定了。

但是在华尔街上，这完全不成问题。在过去 20 年里，投资银行和商业银行都戏剧化地提高了他们负债杠杆的使用程度。商业银行甚至走得更远，在 2004 年他们促使国会提高杠杆使用量的管制限制，乃至他们可以将其杠杆比率从 10：1 增高到 40：1。

至此他们还不曾罢休。自 1982 年起，华尔街已经在他们所有的公司增加了负债杠杆的使用度。无论这些公司的现金流是否稳定、是否可以预期，华尔街都想对它们采用更高的负债杠杆使用度。这就创造出了 20 世纪 80 年代负债买空的繁荣景象，这也可以解释，何以大量私人资产公司大多是从当时负债买空的小店铺发展起来的。

然而学术界，在他们对公司使用杠杆经营的适当比例进行分析时，仅仅盯着一个公司的价值最大化。他们又一次在集体性的行动中遗忘了这样一个问题：假如人人都对自己公司采用极高的负债杠杆，那会怎样？可以看到,即便一个公司通过增加负债杠杆的使用实现价值最大化,但假如人人都这样做,很可能对整体经济系统不利。因为负债杠杆会增大资产的挥发性和风险度。

这一点,再没有比我们银行系统的状况更能说明问题的了。我们的银行系统由于提供贷款给我们的企业并为愿意存储个人积蓄的公民借贷者提供安全空间而陷于危机。在所有行业中,你最不愿意看到的过度使用负债杠杆的就是银行了。然而如今,这恰恰是全世界商业银行都在做的事情。我敢肯定,股东们很乐意银行业采取高度负债杠杆经营为他们的资产带来更高回报。但是,就连这些股东也吃不准,他们的资产投放在过多采用负债经营的公司上面,是不是风险太大了。不过,谁也不清楚管理人员会不会也捏着一把汗。当公司经营得卓有成效,他们的管理人员会得到重金嘉奖:从当前收益中抽取现金分红,外加收获巨大的特许认购股份分成。而一旦公司破产,他们并不会损失多少。因而,你大可断定,管理人员会肆无忌惮地使用负债杠杆来经营他们的公司:那样做只会在公司兴隆时提高他们的正面收益,而公司的破产与他们无关,因此他们只会无动于衷。他们可能会失业,但那只是暂时的。这些执行经理从一个破产的店面出来,随即就一身轻松地走进下一家公司的店门。

所以这里有一个漂亮的例子说明,何以政府不得不出面对银行业加以管制。即便股东完全能够掌控他们的董事会,而且董事们也能掌控他们的管理人员,从而使管理者的利益与持股者的利益合为一股,较之于对总体经济更有益的举措,持股者私下还是更喜欢看到私有公司更多地使用负债杠杆经营。

当你对银行规模予以限制因而它们不能膨胀得过大乃至垮台,这个问题依然挥之不去。即使你有了许多小银行,它们都不同程度地采用负债杠杆从事经营,你还是希望投资者青睐那个最大程度使用负债杠杆经营而收益最大的银行。不,摆脱这一切的唯一途径是政府的干预和设限——对金融机构可以使用的负债杠杆程度加以封顶。那也正是为什么它们被称作集体行动问题。没有管制,一个免费搭车的人只会为自己着想,丝毫不会顾及对整个系统的损害。

另外还有一种选择。一个不愿看到过分利用负债杠杆经营银行的持股者团体，也就是银行的储蓄者。如果我们从商业银行储蓄保证金中取消美国政府提供的储蓄保险，而不是由储蓄者去惩罚银行——大家一举提空他们的银行储蓄并且转而存到使用杠杆较少的银行去。假如你不相信政府可以适度对公司加以管制，或者假如你认为政府在强化管理上的作为乏善可陈，或许上述做法可以成为一个比较有吸引力的办法。银行储蓄者在这样一种毫无安全感的系统内可以为自己实现自保——将他们的资金分散存储在若干家银行，从而不致在某家银行破产时损失掉全部积蓄。这实际上是一个很简单的事情。你相信政府或个人能管理好那些持有民众资产的机构？你可能觉得，通过一条简单的法规或者管制条例就能消除潜在的弊病，可是在这次危机中我们痛苦地了解到，法规和管理条例也可能是含糊不清，令人困惑的。如果你把系统限制在较小的规模，让它更多地对公民个人负责，并且限制政府的担保职能以及银行的最大规模，你的确有可能看到一些独立的个案出现：当小银行破产或退出经营，一些民众的资产会蒙受一定程度的损失，但是不会发生我们今天见到的这种纵贯整个系统的大崩溃。

谎言 61：

CEO（首席执行官）应该挣大钱，这是高度竞争的市场决定的。

我的一位好朋友，两年前来找我，问我说，我是否觉得市场上的企业执行官所得酬劳之高有所不妥。我想，当时我回答得不对，因此这里我要重新提起这个话题。

那次我说，董事会准许所有执行官和董事们问责于股票持有者，因此如果任何私人公司希望支付给它的 CEO（执行官或首席执行官）的酬劳高达美国普通劳工工资的 1 000 倍，在我看来，别人似乎也没有什么理由加以干涉。

甚至，一些美国普通职员也觉得，如果让政府设限规定 CEO 的报酬不得超过多少，多少有失美国人做事的风范。为他们辩护的人——自我解嘲说是在为魔鬼代言——的说法是：有些最好的执行官，如果他们不是在经营这些公共交易公司，他们完全可以去为私人产业公司尽情玩转巨型资产，一旦凭着本事成功地让公司在市场上大获而归，赚回的奖金何止以数千万计。

但是，这也正是我的分析出错的地方，这里实际上并不是执行官攀比薪金收入的竞争市场。董事会其实根本不会听命于持股者。很大程度上，那是由首席执行官自己决定的，有时也包括他的周围的许多密友。很多董事会都有几个内线，他们为公司工作，直接把情况汇报给坐在董事会办公室里的执行官。

董事会为了避免冲突，也设有小型的执行官报酬裁决委员会，成员包括外围的执行监事，不时地凑到一起，商议到底该给执行官多少钱。但是，情形还是差不多，他们大多是首席执行官的好友。为了掩饰他们私下商议的价钱，这些报酬裁决委员会成员会从外面聘用熟悉企业执行官薪金水平的顾问来壮大声势。但是这些拿了钱为执行官报酬裁决委员会作顾问的家伙只不过是一些在一家家公司之间窜来窜去的探子，窃取各家给自己执行官最高报酬的情报数据，他们把前面累积起来的情报归拢在一起，拿去给下一家，说服他们给执行官的高额费用是合情合理以及有根有据的。他们自己受雇的原因心知肚明，自会带去高得出奇的首席执行官收入的市场估价。

首席执行官也会争辩说，他们为持股人创造了巨大的价值。这倒可能是真的。不过我发现许多公司股票的升值只不过是凭运气，当物价下降，原材料价格或劳动成本下降，或者是不在 CEO 控制范围内的偶然事件发生，他们才显得生财有道。

即使 CEO 确实信得过，真能为持股者创造巨大价值，那也并不意味着 CEO 应该在那些收益资产中占有那么大的比例。依此逻辑，一个脑外科医生救了你的命，你的身体就要有一部分归他所有了，因为你觉得自己呼吸的每一口空气都是他给的,你将自愿把自己能感知到的一切奉献给他。脑外科医生的薪水相当高,但是他们拿的薪水是与专事开颅手术的医技相关的,而不仅仅是对他们医疗服务的需求决定的。

类似地,首席执行官能为持股者创造巨大价值收益,但是就很难说他是这世界上唯一能做到这事的人。事实上其他人也可以要求,他的收入应当取决于在市场上找到同等资历的人才要花的代价。我可以向你保证,非常能干的人有的是,排着长队等着应召来做这种被称为 CEO 的工作,只要每年能赚 2 000 万美元就行。

谎言 62:
公司实体的最大优点是可以限制投资者的债务负担。

法人公司,作为独立的合法经济实体,在经济学领域被认为是一项伟大的创新。法人公司的最大信誉在于它有能力限制投资者的债责,这就是它取得成功和广为流行的主要原因。个人可以在公司投资,同时完全清楚这里设置了防火墙来阻止债权人对他们的个人资产紧追不放。他们的损失被限制在他们投资数量的范围内。

这对于创建一个有效的经济系统是极为重要和有利的。但是法人公司还有其他方面的、未得到广泛谈到的益处。

在法人公司之前,大多数行业都是家族式私有企业。这就很难筹集长期经营的资本,因为人们既不愿看到管理角色轮替的明确界限,对于让公司奠基者的儿女来接管公司的想法又不知可否。法人公司实现了他们经营的行当在几代人之间传承——让它自身成为经济实体,从家族中独立出来。

这就意味着,对于法人公司来说,增长是没有限度的,也没有时间框架制约他们何时必须完成何等程度的增长。结果,这些公司不仅在 10 年、15 年间持续经营,如同家族企业式的公司,有的还持续发展了百年之久。危险也是有的,这些大公司发展成了非常庞大而且强大的经济实体。我要提出的是,他们如此强大,以致如今能够通过竞选捐资和议案游说实现对我们政府的控制。很难想象,它是否还能再强大一些。拜法人公司这种形式所赐,它们永远不会过时报废。它们一路向前,向前,一如既往。

大型法人公司是否会明智地使用自己的能量?未必。如同我们意识到的,持股人也可以在一个真正合法的实体下联合起来,这个实体也就是法人公司,然后协商决定给个体劳动者制定什么水平的工资。这远远算不上是制定工资标准的最公平方式。其次,非常之大的公司在它们地处的家乡市镇也具有非同寻常的影响力。他们在处理与社区之间的关系,决定区域性税务,社区关系,基础设施建设要求等等事务上都能以老大自居,指手画脚。其三,大公司在利用强权尽量少为公共事务花钱这件事上,名声早就不好。比如需要在环境保护方面、消费者维护方面、国家安全事务上以及劳动者工作环境改善等等事务上,大公司就有失大家风范了。

我本人有一种见解,说的是独立合法的经济实体,也就是法人公司,实质上就是允许某些人在执行官位置上去做任何个人依自己家族清白的名声绝不会去做的缺德事。如果是以公司的名义而不是个人自家的名义去裁夺如何行事,原本谨守道德规范的个人似乎也很乐意去做某些相当不道德的事情。由此可见,想获得一张可以言行卑鄙的执照,没有比公司更合适的机构了。你可以让自己成为公司的一名雇员,而后你就可以宣称,你的行动,尽管对社区不利,对你的公民朋友们不利,甚至对地球不利,却仍然是真正有利于你们持股人的。我相信,军火制造业的公司执行官肯定会为自己行业的存在争辩说,他们制造的武器都是用来维护和平的。我不清楚烟草生产企业的执行官如何为自己存在的合理性辩论。

谎言 63：

复杂的金融机构是被设置来让债券发行方和投资方都可受益的。

这当然是我当年在华尔街的投资银行工作时听到的说法。我们雇佣越来越多的拥有物理学和数学教育背景的人才使他们得以轻松制作和发行越来越复杂的金融产品。

我对此的解释是,这些非常复杂的金融产品可以满足市场上的生存环境,并且是特殊投资者需要最小风险与发行者可以灵活筹集资金这两者之间天衣无缝的填充物。我认为实际情况远不止于此。我观察了20世纪80年代德莱塞尔·伯恩汉姆和麦克·米尔肯把他们的不良债权经营公司一路从洛杉矶的一家小公司发展成了全球性的企业联合体。麦克·米尔肯一年之间就给自己发了7.65亿美元的工资,在那个年代可算是首屈一指的天价。

任何债券的发行者或投资者,试图更好地了解这种不良债权投资交易伴生的风险,或甚至想获得市场上不良债权交易的真实价格,都必须去问德莱塞尔·伯恩汉姆。至于不良债权价格,根本就没有清晰的市场经营状况的公开资讯。这意味着所有投资人感兴趣的有关出售他们不良债权份额的次级交易都由德莱塞尔一手垄断,大多数新的债券发行者也都必须依靠德莱塞尔去做,因为只有他们才知道买家在那里。

另外,这还意味着德莱塞尔可以从二级市场上散发不良债权的操作中榨取数额巨大的招标费用,因为根本没人跟他们竞争。这种操作复杂的程度为德莱塞尔形成无敌的优势,因为它每次发行的债券品种都是独一无二的,没有取而代之的可能,你不去找德莱塞尔,就无法获知究竟到哪里去找买主。

今天,华尔街上有许多金融产品都属于类似的极为复杂的交易债券。有些最复杂的有价债券是从抵押行业来的。很难想象,大多数抵押资产20年前就定下了30年期限的固定利率,在到期之前,由银行把持着这些抵押资产。

很可能,为了满足投资者要求以及更符合他们的风险容忍度,抵押资产被存储在一个仓库内,然后再把他们分割利用。它们被一股一股地分层放置,每一层都有不同于其他的利率和不同于其他的风险度。它们都是用来做长线和短线投资的,除了抵押交易者和投资银行,没有其他人真正了解实际的风险所在,或者对它们制作出来的独立产品如何确定价值与价格。

如同德莱塞尔的不良债权经营,抵押品经纪人创造的东西就是抵押产品,它们也复杂之极,到了债券发行人和投资者都摸不着头脑的程度,因而,对这些债券的议价和市场开发就都要依赖投资银行不可了。而这恰恰是他们想要得到的。汉克·保尔森的不良资产处置计划之所以失败,正是由于他认为他可以利用一个反向拍卖和叫价把特殊类别的抵押债券从银行召回。他没能认识到,这些抵押债券的每一种以及它们潜在的抵押品存储完全是各不相同的。有些人持有长期抵押债券,有些持有可调整利率抵押债券,有些人除了有抵押债券外甚至还持有某种信用卡和助学贷款。它们的品种可谓五花八门,保尔森的反向拍卖的意图根本无法实现,因此甚至在开始实施这项计划之前就把它取消了,代之以向与他关系比较密切的金融机构直接给予资金上的援助。这样做极大地增加了抵押债券处理的复杂程度,对债券的发行者和投资者也都没有什么帮助;然而,正如德莱塞尔,这显著增加了投资银行和商业银行的收益率。特殊抵押债券的发售银行知道买家在哪里,也知道是哪些人持有特殊债券,并且很难使交易稀少的复杂的特殊债券获得市场,除非是发行那些债券的银行。对这些债券的议价要求被广为散布,表现出它流动性的欠缺,最后竟演变成从投资银行和商业银行的偷窃的许可。

谎言 64:

大多数合并会为购买方创造巨大数量的优势协同价值。

有人认为,因为两个公开交易的公司合并到一起,那也就可以从两者都获得收益。事情并不这么简单。华尔街上的公司合并,其性质是,买家必须按照现有市场价格对即将卖出的公司的持股人先付保证金。如果你是支持有效市场理论的人,你就很难解释,何以买家能够支付得起一笔保证金。代表有效市场理论的人相信,在合并前卖方提供的股票价格,对公司来说是合适的价格,它还为整个企业指定了正确的价值。

买方试图争辩说，他们将要支付的保证金是为了控制和脱离原来的路子以图证明所支付的高价的保证金物有所值，他们说，通过合并，会有巨大的协同价值产生。当两家银行合并，这种观点就是正确的，因为他们可以关闭业务相互重叠的分支机构，而且摆脱不必要的多重管理。但是许多公司买入的是与其并不属于同一行业的公司，有时甚至买入不属于本国的公司。在这样的合并之下，很难看到那里将会有更多的协同。

已经有学术研究显示，平均而论，公司的购买者按照当下的市场价格为他们收购的公司支付保证金，结果大都受害不轻。不仅是公司真正合并后他们的股票价格下跌，更为典型的是买方的股票价格在宣布合并的那一刻就当即下跌。在我看来，这是另一个迹象，表明公司只是为了执行官人员的利益在运转，而不是为股民谋利益的。假如是持股人处在控制这些公司的位置上，你想象一下，首席执行官能宣布多少次公司合并，继而亲眼看着持股者价格当即下滑，而他自己第二天照样做他的首席执行官？

我在华尔街的经历告诉我，管理者和投资银行都在拼命推动公司合并的狂潮。管理者永远希望经营更大的公司。他们的自我很难得到满足。他们的傲慢自大使他们总以为，假如他们能玩转一个涡轮机生产公司，那他们无疑也能玩转好莱坞的电视制作中心。投资银行要的则是赔付，这种事只能发生在有交易的时候，任何交易都行。

第九章

关于全球经济状况的谎言

谎言 65：

大型联合公司推动全球化,是为了他们的产品开放新的市场。

　　一般认为,公司推动全球化的动机是为他们的产品和服务开拓新的市场。的确,推动全球化的主力是大公司,因为我不记得美国国内曾有任何公开的听证会或者市政厅会议专为听取有关开放全球经济的公众意见而举行。大多数决定都是在紧闭大门的房间里做出的,你可以肯定的是,有公司游说者对相关议案推波助澜。

　　我不相信大公司仅仅对开放新市场感兴趣。我认为,他们把全球化看成是一种对付政府法规严格限制的新途径。还有什么更好的办法可以避免政府的管制?那就是使自身变得比政府还要强大。没有一个国家能够有效地对国际贸易严加管制,因为它自己的法律一旦超出国境线就失效了。

　　大公司意识到,实际上不存在一种全球商业上的国际管制机制。他们自己创建了世界贸易组织(WTO),这东西除了是一种代表他们自身利益的机构之外,别的什么都不是。联合国显然也不准备涉入国际商业上的管理事务。考虑到这一点,你就能理解,实际上很难创建一种专门的行政机构对国际商业行为加以规范管理。

　　好政府这样一种概念的潜在说明是,它应当是民主的,它应当代表民众的利益。我作为一个公民,就不想看到一个国际性的机构试图宣称自己代表整个地球上所有 60 亿人民的利益。我个人以为，民主在小城镇和较小的国家相当行之有效，但是应付美国这种规模的国家，尤其是印度那么大的国家，它的局限性就面临挑战。

因此，即使我们能够建立世界性的政府，我也将强烈反对它。我只是认为，民主不可能跨越如此辽阔的地域和彼此迥异的文化而一概畅行无阻。人民必定要密切参与到自己政府的事务中去，他们也必定相信政府对自己的生活方式具有指导性的影响。一个世界性政府的意图对上述两方面情形都将是破坏性的。

不过，通过全球化，大公司已经有能力超越单一国家的政府了。而且在逃避管制方面，这已经成为非常有效的途径。当美国的汽车公司沿着墨西哥边境建立汽车组装工厂，美国的环境保护法对此就变得毫无意义。消费者保护法，其世代保护美国公民免受有害产品的伤害，也在从东南亚进口的有害药品对国民的毒害下变得全无意义。50 年的工会协商机制和劳工权益保护法，当遇到公司威胁着要把职位输送海外并且关闭整个工厂、一同移出边境的时候，也变得一筹莫展和无能为力。

那个 WTO，同样在所有行动中代表大公司的利益，始终坚持任何贸易协定都应包括那些大公司在一个国家经商所需的特定类型的保护性条例。产权保护，特别是知识产权，一向在任何贸易协定中受到高度保护，因为它对于大公司从事商业活动是最为基础性的。合同的协议签署与合同的生效实施，法院系统对这两方面事务的处理一向属于某个协议的一部分。不幸的是，劳工权益问题、环境保护问题、生产安全问题以及消费者权益问题，等等，从来得不到探讨。

令人真正难以置信的是，我们开放了整个世界去从事全球性贸易，却对其衍生物全无了解，而且毫不顾及它对消费者和劳工意味着什么。在这颗星球上，消费者和劳工占人类总数的 99%。我们书写惠及移民实体——所谓公司——的贸易协定条例，最终却伤害了更多的人类成员，对这一事实，历史必将给出最终的解释。

谎言 66：

一个国家的公民富裕程度，最好的指标是最广大的自然资源。

假如你没有涉猎过经济学，你大概会以为，构成一个国家财富的是它所拥有的自然资源蕴藏量。当然，沙特阿拉伯一定被认为是最富庶的国家了，因为它地底下蕴藏着价值百万亿美元的石油资源。

但是，一些最具开创性的经济领域学术论文确然论证，那些拥有最丰富自然资源的国家恰恰都属于人均收入最低的国家。结果发现，在这个现代世界里，如果你希望自己的国家和人民发展得更快，就可以如此对拥有富饶自然资源国家进行诅咒。

至于这种论断何以能成立，最好的解释就是，假如一个国家拥有大量的自然资源财富，那么它的独裁政府就可以攫取那些资源并使之成为自己享用的财富。实际上它无需上税，只需要控制住全国的自然资源就够了。

由于他们政府的存续不依赖税收，这就意味着政府不指望拥有一个可以从中获取税收的健康的经济。换句话说，这种拥有丰厚资源国家的政府并不在乎自己的国家是否拥有一个健康的民主的经济体系。

逻辑是这样的：一个国家的发展是否会停滞于一种落后状态，最好的指标就是，是否这个国家是由一个独裁者统治的；反之，哪个国家为独裁者所统治，最好的鉴别指标是大量自然资源财富的存在。

南非政权可以在漫长的几十年间一直实行不民主的种族隔离制度，尽管它的臣民中 90% 以上都是黑人和穷人。对大多数南非公民来说，基本不存在真正的经济活动。统治阶层的白人仅仅依靠南非的自然资源财富生存，你大概了解一二，那些自然资源包括黄金、钻石、石油，还有多种多样的矿藏。中东坐拥世界上最大的油田和天然气矿藏，然而在过去 40 年，他们靠石油和天然气行业过活，在发展国内经济方面几乎无所作为。卡塔尔曾经几乎用光了自己的原油，但正因为如此，他们很有兴趣找到开发其他行业的途径。不幸的是,在相关研究还未完成之前,卡塔尔发现在自己的海岸线上存在着世界第三大天然气矿藏。于是这个国家的路子又转回去了,重新成为一个仅仅依靠石油和天然气生产的国家。非洲国家自然资源都相当丰富,而这也成了一种诅咒。殖民主义者掠夺这些自然资源的同时并没有驻民于此,并帮助这些国家建立民主制度,因此,依法治理以及依法裁夺的法院等等制度在这个大陆上的发展非常缓慢。在拉丁美洲和非洲,所有公路都通向海岸线。那些公路都是外国人建造的,便于他们撷取当地自然资源后运走。

过去 10 年,非洲开始显现出一些经济增长的迹象;2007 年,非洲大陆报告有 5% 的增长。但是这些增长中的大部分都是由于商品价格的戏剧性上涨造成的。

一个健康的经济是基础广泛的经济,人人都可以参与到这种经济运行中去。大量的自然资源财富可以保障国家的统治者不受自然经济发展的麻烦困扰,相反,可以借自然资源存活下去,直到把那些资源消耗殆尽。

谎言 67:

国际贸易已经为各国财富的增长作出了贡献。

这种观点被如此频繁地引用,其作用与其说是一句真实的叙述倒不如说更像一句真理。请不要告诉我说,这是一句谎言。我的信念大厦简直就要倒塌了。

有数百份学术文章专门来探讨贸易与国家财富之间的关系。许多人在自己的叙述中声称,贸易对增长是有好处的,尽管他们自己的统计分析结果中能拿得出的证据很少。经济学家大多如此信奉大卫·李嘉图在国际贸易的比较优势上优雅的论辩,他们甚至在详查证据之前就做出结论说,国际贸易有助于财富的增长。

许多学术文章也不惜长篇大论,囊括大量国家的财富方面的分析资料,试图发现他们的对外贸易量与其财富之间的必然联系。当他们并没有

发现两者之间有明显的联系,那些文章的作者干脆断然下了这样的结论:
本项分析中未见任何因素可以阻止他人相信贸易的确有益于国家财富的
增长。这就如同在说,本篇学术论文中没有什么东西可以阻止他人相信月
亮是用绿色奶酪做的。我不想知道还有什么是这论文不说的,我只想知
道,你是否发现任何的内在联系来证明你的论点,即更大规模的贸易会带
来更多的国家财富。2002年,加利福尼亚大学安德森分校的迪克·罗尔和
我合写了一篇学术论文,首先论述的是,民主制度,比如公民选举以及言
论自由之类的公民自由,不仅与一个国家更丰裕的财富有关,而且可以被
认为是产生那些财富的力量源泉。在埋没于我们长达35页的论文中的一
段文字里,我们决定也试着审视一下,预期一个国家是否繁荣,国际贸易
是否能够成为一个重要的指标。

　　在这一案例中我们所谓的繁荣是指真实的人均平均收入。想象一下
我们的惊讶程度:我们认识到,衡量一个国家的总贸易量的变量,在解释
世界各国的繁荣程度时,确实完全变得无关紧要。这说明一个国家的国际
贸易的变化程度与其繁荣程度毫无统计相关性。我们能够得出这一结论,
是由于迪克懂得如何使当地区分这项分析中的几个彼此高度相关的独立
变量的影响力。结果是,一个国家的贸易开放度,国家对外界思想的开放
度,才是解释其财富变化的重要指标。这样的解释才有意义。假如一个国
家对外界的新的思想意识全然拒之门外,那么一个时期之后,你可以想象
他的经济会遭遇到什么境况。但是,贸易的发达程度对这个国家的繁荣程
度没有决定性的影响。大卫·李嘉图身后的世界已经发生了巨变。中国不
必进口皮鞋,如果喜欢意大利式的皮鞋,也不必与他们交易,自己学着制
作就是了。中国既可以聘用意大利皮鞋设计师到北京为他们工作,也可以
从互联网上下载意大利皮鞋的设计图样,或者干脆让意大利皮鞋公司在
中国开设一家生产厂,还能训练中国工人制作高质量的鞋子。如今,很难
想象出还有什么技术或技能不能输出的。贸易也并不是完全过时的,人们
的确还不时地需要获得异地原材料和商品,而且如同我们看到的,在低工
资国家,还存在着巨大的渴望,代表国际公司去从事生产。但是谁也不曾
表示过,国际贸易会为参与其间的国家增加财富。

谎言 68：

民主改革对于经济增长是不好的，因为投票的穷人会组织起来坚持要求收入和财富的重新分配。

经济学家长久以来一直认为，在一个国家进行民主改革，会导致经济环境的衰弱。他们看到伟大的民主作为一场运动趋向于让普通民众参与那些与他们息息相关的重大事务的决策过程。于是他们开始担心这样一个特殊的群体：穷人。

在一场带有精英统治论意味的讨论中，这些经济学家宣称，如果穷人被给予了政治权力，他们将很快利用这种权力重新分配财富：通过对富人增加税收，对工厂实行国有化，强制提高工资，对最不具才能的人予以福利照顾。

让所有人参与政府决策是民主的基础。这是民主以政府形式运作的原因，也是经济学家不应担心公民参与政府决策经济事务的原因所在。请记住，同样是这些公民，当他们要决定把钱花在哪里的时候，就会每天投票表决经济事务了。

这个世界上的穷人在许多事情上受到指责，我发现这事非常滑稽，因为他们几乎完全没有经济和政治上的权力。他们被不断以"制造动乱"、"导致政府赤字、财政债务"、"造成社会和经济的全面动荡"的万恶之源公诸于世。

真相是，强势精英，大多数为富人和大公司的代表，当前正主宰着这个世界。由于他们的创造，迄今在世界上取得的无论哪方面的成功都应当得到肯定和祝贺，但是他们无疑也应为招致今天的经济危机承担道义责任。

任何怀疑这一陈述的人都应当到瑞士的达沃斯去旁听一下他们的富豪与强势精英举行的年度研讨会，他们这个会议就是专门讨论下一步需要对整个世界做些什么的。

穷人或许没有多少钱,但是他们并不愚蠢。民主制度之所以行得通,是由于世界各地都发现,没有任何人能更好地为这个人数庞大的群体争取福利,除了这个群体自身。即便存在着更为智慧的、更有学问的精英,声称可以替弱势群体说话,那么由于他们自己的利益正当其道,他们除了替自己说话外,根本无暇他顾。

的确,假如穷人立即被授予强权,他们也将奋而夺取一切,不管是不是应得的。你应给予穷人更多的信誉而不是强权,尽管我必须承认这种说法有点牵强。穷人,如同世界上的其他人,实际上脑筋够用,对此他们心中有数。他们意识到,在一个经济系统中,肯定有赢家也有输家,他们知道,借助资本储量的增加形成集中的财富,对投资和创造就业机会都是必要的。其实穷人并不祈求你施舍钱财,他们要的是一个拥有公平经济和平等机会的世界,在这样的世界中,他们可以获得依靠自己的劳动获取财富的机会。

我相信,穷人是一个健康的经济体系最好的支持者,因为我认为一个健康的经济体系是建立在依法治理、适度管制和法庭裁决基础上的。如果一个社会没有发展起这样的机制,它就不能激发民众的主动参与,因为民众,无论贫富,对公平与正义自有敏锐的判断力。

我参与发展中国家的相关工作时,对这个问题上思考良久,试图弄清他们如何做到快速增长以达到减少贫困的。然而令人哭笑不得的是,那些年我观察到的发展中国家呈现的条件和境况,现在却与美国的局面大有相似之处。

我在 2004 年写作出版的《美国错在哪里》一书中预言,美国正变得越来越像一个发展中国家。我这么说,不是仅仅从经济学的立场出发的——由于当前骇人听闻的财政赤字,美国日益债台高筑——也是从政府治理的角度出发的,因为我认为大公司,通过游说和竞选捐资,在很大程度上控制着我们的政府。我认为美国的民主已经日益减少。我所作的学术研究显示,你越不民主,你的经济状况就会越差。我意识到,这种公司对政府的控制是导致管制的不公平甚至欠缺管制的根本原因,政府放任不管,会为它自己的垮台种下毁灭性的种子。我在 2003 年和 2006 年的书中指出,房产价格崩盘使房产业和抵押市场上累积的问题聚集到一起爆发，而这些问题追根寻源，都是公司集团游说华盛顿的结果。

民主改革，比如，把游说集团赶出华盛顿，更多地依靠公民投票选举，而不是仅仅听凭我们那些腐败的政府代表的决策，这对我们的国家没有坏处。相反，这对我们的国家、我们的民主体系有益，甚至，或许令某些人感到意外，对我们的经济也大有裨益。然而，并且，这也是关键，他们必须学会信任人民，所有的民众。如果穷人对你感到恐惧，你很可能需要走出办公室，更多地接近他们，因为他们是你生命中能够遇到的一些最可爱、最慷慨也最热情的人。

谎言 69：
资本主义国家享有极大的繁荣，但却是以极大的收入不均为代价的。

任何时候，我听到有人对资本主义为我们国家更大的繁荣和增长创造机会表示认可的时候，都会随即听到他们另一番陈述，他们转而会说，这一繁荣来源于收入与财富上极大的不平等。

实际上这是彻头彻尾的谬见。我不知道这种谬论是打哪儿来的，但我可以权且一猜。

想象一个国家，在资本主义制度下，工业发展首发其端的时期。你可以想象美国在20世纪伊始的状况，或者是印度现在的状况。你在每个案例中都可以看到非常富裕的资本主义企业和非常穷困的农民和工人。你可能立即得出结论说，资本主义会使国民收入增大差距。

但对此我却不这么看。我认为实际发生的是，非常贫穷的农业社会正处于向远为富裕的工业社会的转变过程中。到这个转变完成的时候，人人都可以达到比较富裕的程度了。但是，这种转变是要逐步完成的。在自由市场资本主义体系中，最大的冒险家，从乡村搬进城市居住，着手开办公司、聘用他的工友们一起工作，然后富起来。看起来好像是一个仍然处于农耕时代的社会中部分被工业化了。这并不意味着广泛的贫富不均将要永久性地持续下去,那仅仅是,在社会中的每个人都能适应和参与工业化经济之前需要经历的一段时期。

因此,肯定会有这样一个暂时的阶段,其间资本主义制度要经历一种不均等的增长,但是长远来看,资本主义最终会带来最大的经济增长和繁荣,进而缩小贫富差距。来自加利福尼亚大学洛杉矶分校安德森学院的迪克·罗尔和我本人在 2003 年合作了一份学术论文,其中,我们以统计学的方法验证了这一论点。这颗星球上最贫穷的国家是独裁统治最典型和最严酷的国家,也是那些收入和贫富差距最大的国家。富裕的国家大多都属于民主、自由的社会,而且其人口中贫富差距却很小。

美国对这类话题相当敏感,因为在所有发达国家中,美国独具一个最不平等的社会体系。假如我们正在使美国社会更加平等,使其达到其他发达国家的社会状况,我们还有大量工作要做。

过去 20 年,美国人目睹了贫富差距的不断拉大。对此,我在 1999 年写作的《奴隶的工资》一书中曾做过重点描述。

在美国,经济一直在增长,社会也日趋繁荣,但是不平等的现象有增无减。这似乎有悖于我们前面分析出的规律,但实际上,我并不以为然。我相信,针对全球化冲击下的任何社会,过去 20 年的状况不能用来作为有效的经济衡量的标准框架。众多大公司通过从事经济投资、资本规划以及提供世界范围的商品贸易与服务,相当成功地消弭了许多国家的界限。因此,如果你想进一步谈论社会的不平等,我认为把指责焦点对准美国是不公平的。我想,你需要先详查世界上其他国家和地区的不平等程度再来说话。

当你把整个世界的状况作通盘考虑,就会发现,显然,尽管现代化成就了数百个亿万富翁,一般而言,不平等还是戏剧化地下降了。另有一些情况,诸如,地球上还有 5 亿人过去生活在每天不足 2 美元的境况中,如今已经成功就业并摆脱了贫困。这些进步大多发生在发展中的世界上,尤以中国和印度最为显著。当然,如果你非要盯着美国这个特例,在全球化的影响下,它的工人的确境况下降,雇主的确变得更富了,因此可以说在美国,不平等增大了。 不过如我所说,全球化是一股全球性的经济力量,因此只有纵贯全球去衡量和比较不平等现象才是唯一正确的方法。如果你做到这一点,你就会看到,总体上看,过去20年以来,不平等现象其实大为减少了。

资本主义本身并无道德可言,它只是一股没有自主思考的力量。它的行动并非起始于"想要帮助穷人"之类的意识。大公司跑去寻找尽可能廉价的劳动力。在过去20年间,这种寻找把他们带到了中国、印度、越南、印度尼西亚和墨西哥。而这正是增长的经济引擎,它为广大的工人提供了就业和摆脱贫困的机会。这就是自由市场体系的奇迹。这一体系不会有意为之,但是它的作用是首先帮助我们当中最为贫穷的人们。

谎言 70:
中国和印度引领的全球经济多元化可在很大程度上调节并缓和美国的金融危机和经济衰退。

去年你一定听说过,许多金融专家争论说,我们房产和抵押市场危机导致的美国的经济衰退将是短命的, 因为世界经济将帮助我们从窘境中挣脱出来。特别是,中国和印度,他们说,作为强大的经济引擎,将代替美国帮助解决全球性的市场需求。

对于一个国家的经济规模,经济学家有两种基本的衡量方式。其一,他们要计量该国制造的所有商品和服务,以当地货币为计量单位,然后以当时的市场汇率将其换算成美元。这项工作完成之后,你就会发现经济规模戏剧性地低估了该国生活方式的因素。这是因为,在那些发展中国家的生活成本远远低于发达国家的生活成本。

因此,经济学家又提出了一种被称为 PPP 的参数,即:购买力均等对比方法, 用于比较不同国家的 GDP 水平。运用这种比较方法,中国的GDP,大约为1.5万亿美元,向上加以调整后相当于6万亿美元,因为经济学家是这样确定相关比例的:因为你在中国生活的成本大约相当于在美国生活成本的 1/4。他们经过分析得出的结论是,按照相关的购买力计算,中国的 GDP 相当于美国在同等购买力条件下为数 6 万亿美元的 GDP。

但是,假如我们正在谈论的是中国和印度把美国拉出经济衰退的困境,我们实际上无需在意他们 GDP 相对应的国内购买力。我们真正关心的是他们的购买力在我们国家能够达到的量级,从我们这里购买商品以及在我们这里投资的能力。对这项分析,再使用 PPP 参数来衡量中国和印度的经济实力,就不对头了。于是,按照一些经济学家的思路,中国的经济实力大约为 1.5 万亿美元,印度的经济实力大约为 1 万亿美元,按照上述比较公式,预计可以把美国和欧洲的合计总量为 33 万亿美元的经济从衰退中拉回来。表面上看,这纯属无稽之谈。

实际情况更加糟糕,因为中国经济本身高度依靠对美国和欧洲的出口贸易,还有中国国内的劳动力,他们并不直接与出口贸易相关,但却很大程度上依赖那些其自身工作依赖出口贸易的民众的开销。

这种观点被称作去偶现象说。世界各地不断出现的市场经济已经显著增长到足够大的规模,以致他们已经拥有了自己强大的区域经济,因此他们就与美国和欧洲经济脱离关系,也就是所谓去偶化。假如你想让自己信服并没有什么去偶现象,可以画一个简单的柱状图,标示出道琼斯工业指数在过去 20 年间的平均值,让它代表美国经济;然后再标出全世界股市复合指数的平均值(道琼斯指数要从中排除)。在对美国经济与世界经济的指标柱状图显示下,你会立即看出,两个指标基本上难分高下,这几乎是两者关系的完美体现。

这正是我对自己关于美国经济的预言如此悲观的原因之一。在我看来,很显然,中国和印度不会有助于我们脱离经济衰落的困境。事实上,当中国出口减缓并且自身经济开始下滑,它会戏剧性地拉回增长控制杆,转而加大它庞大的基础设施建设开支。

谎言 71：

我们的经济联合体和银行越大越好，因为那样可使它们成为更有效、更强大的国际竞争者。

过去几十年间，我们的公司和商业银行已经变得越来越大了。这并非是无意之间形成的局面。由于全球化，我们感到自己的公司必须变得更大，以便与海外的大型产业机构竞争。我们甚至采纳了一种日式管理方式。你大概还能回忆起 20 世纪 80 年代的情形，日本当时被认为是一个工业巨无霸。他们在生产世界上最好的汽车，某些世界上最好的电器，而且当时有许多美国人担心它最终将在全世界工业领地形成主宰之势。

那个时候，许多美国人都阅读某些关于我们如何才能模仿日本成功之道的书籍。按照它的经验，我们工厂的地板上，也铺陈着即时生产任务清单和组装线流程图。从经济的角度来看，我们多多少少开始把日本的组织管理模式运用在我们的政府、银行和商业机构中。

日本的经济体系很大程度上属于自上而下的模式，其中，政府的财政部决定整个国家发展的方向，然后通报商业银行，再由它通知各大产业公司，由这些公司来实施新的政策和计划。在 20 世纪 80 年代的许多美国银行看来，这是政府与商业系统协同运行的完美样式，值得美国效仿。

当然，所有这些模式的重大缺陷在于，政府应当独立于经济系统并且作为经济系统的管理者而不是它的参与者或合作伙伴。经济系统与政府之间存在着冲突并不意味着系统的无效，事实上，它还是一个好的迹象。

于是，美国就允许大公司与政府之间的关系密切了许多，在某些方面，大公司甚至对政府形成了控制。他们还允许美国公司和银行扩充到很大的规模。它们变成了地球上的庞然大物，其中最大的公司，从经济的意义上说，甚至比世界上所有国家合起来的经济体系和税收数量都要庞大。

我们犯下的错误现在昭然若揭了。由于允许这些大公司过度膨胀，我们使它们因规模过大而招致崩溃。在一个巧取豪夺的现代游戏中,这些公司冒着越来越大的风险为他们的管理者和股东追求更大的收益,然后在陷入困境时,勒索政府和纳税人,还说,你必须出面拯救我们于水火,不然的话,我们就会制造大规模的失业和严重衰退,大萧条也说不定。

这可不是资本主义应当有的样子。在资本主义社会里,企业的确会有冒险的动机,去开创新的公司;然而资本主义同时也意味着,当公司走入歧途时允许它们失败。这才是创造性破坏的完整概念:从破产中萌发新的健康的竞争者,它们带来更高的管理和更好的经营理念。我们作为一个国家,从未警示过这个问题:公司太大了就要失败。不过,《不要责怪我》是我下一本书的标题。

🔴 谎言 72:
政府给予更大的社会性支持,这种欧洲模式是一种失败的意识形态。

近来,瑞典、挪威、丹麦和法国因其导向过分近乎社会主义、有失对自由市场理念的充分维护而一直遭受批评。

他们的 GDP 增长速度已经接近美国过去 20 年增长率的一半。

在经济学家之间,有足够的破坏性统计显示出这些国家的经济业已失败。许多经济学家得出的结论是,自由市场资本主义不能与自由主义政府共生,尤其是后者在对穷人提供福利救助、对公民提供广泛医疗救护以及全民住房保障等政策上一意孤行。这是经济学者圈子里最激烈的辩论话题之一,因为他们大多相信,市场要想有效运行,必须完全不受政府的干预、拘束与管制。他们的观点是:自由市场具有纯粹的理性,它们所能达到的平衡是完美的;任何外界因素的介入,特别是政府或劳动者的干预,都将扭曲其本真的特性,并且造成其事与愿违的失衡甚至导致整个系统的崩溃。

　　我对欧洲这段经历的看法却与他们的不同。我认为那是一场资本主义进化的自然历程。在这一进化过程中，许多国家，包括20世纪30年代的美国，都意识到，彻头彻尾的自由市场资本主义体系，尽管极具创造性，加诸人类的残酷却也是令人难以置信的。由于这样一个体系是没有道德可言的，它对待人类的方式就好像他们只不过是生产力等式中的另一个经济输入项。美国在30年代以及欧洲近期所建立起来的是政府对该系统的管制，它试图确保，在政府为老年人、弱势群体和穷人提供安全保障网络的同时，自由市场中的公民个体和公司依然可以得到更大的经济利润。发展是好的，同时也不能肆无忌惮，从劳工的脊背上碾过去。相反，它应当是一种规范的进程，其间，所有人类成员都能受到尊重，使其应有的尊严得以维护。事实上几十年来，这个系统运行得相当好。由于这些国家都是民主政体，公民自身就能随时意识到政府管制或课税趋向于过度苛刻，于是只需简单的投票就能使政府适度放宽对商业的限制。

　　全球化又接踵而至。全球化对世界上发展中国家经济所施加的影响却皆非自然而为。当数十亿人民失业继而为糊口之粮艰辛工作的时候，这样一个世界全无均衡之美可言。让发达国家的劳工与世界上最贫穷的人群相互竞争，也全无公平可言。欧洲认识到了这一点，它们没有像美国那样迅速接受了全球化。正因为这样，欧盟成员国比美国稳定得多。它们的社会实现了公民收入上的极大均等，贫困人口和失业人口都远比美国的少。然而它们的增长确实受到拖累。因此，那种关于自由民主欧洲的经济模式业已失败的论断绝对有失公允。在几十亿失业人口的冲击下没有任何经济模式能毫发无损地持续下去。当数十亿劳工期待获得每天10小时赚取两三美元的工作，也没有任何经济模式可以满足这种需求。欧洲经济在处理这种转变中的失败不能归咎于欧洲经济模式自身的毛病；相反，这毋宁说是对美国的一种指控，因为它对全球化的处理方式中全然没有考虑发达国家劳工的利益。

　　全球化，当它实施于美国工人与廉价的中国和印度劳工竞争之中，对全球处于新高技术世界中的工人是一种令人警醒的告诫：教育是关键。没有教育，世界各地的工人们将永远被放置在与发展中国家的低薪劳工进行竞争的境地。 如果,作为全球化的一项成果,美国采取了严肃的教育改革,那将极大地消弭过去 20 年我们所经历的趋向于大规模全球贸易的影响。

第十章

关于对冲基金与派生市场的谎言

谎言 73：

信用负债抵押市场可通过允许投资者规避违约风险以减少系统中的风险，因而可使当前的危机更容易应对。

信用违约互换(CDS)市场是相对较新的市场，它已从 10 年前的 1 400 亿美元发展到今天的超过 65 万亿美元的规模。人们对信用违约互换市场预期的作用是，允许公司冲抵它们的投资风险，并且规避遭遇公司意外破产带来的损失。如同前面解释过的，我可以跟 CDS 市场上的保险提供者签订一项合同，其间我每月支付保险费，但是它必须保障我免受我投资资产涉及的某个特定公司破产带来的损失。不幸的是，信用违约互换市场如今已经不是这么回事了。超过 75% 的市场并非用作减小风险的对冲工具，而是作为一种投机性的投资载体去增大风险。至于哪家公司将要破产，人们基本上靠赌博性的猜测，而其他资金匮乏的公司正在收取保险金以保障他们不会遭遇那些他们永远赔付不起的风险。

这种很大的新兴市场存在的一个直接效果是，系统风险戏剧性地加大了。对此，有无数理由可加以解释，但是最主要的理由是：CDS 市场上最大的玩家们是彼此紧密勾连的。一旦他们之中任何一方破产，都能依据信贷违约交换合同的规定获得数量巨大的赔付。然而这样做的结果可能会使整个系统破产。而且，假如他们任何一方破产，市场上的其他玩家将会遭受无数连带损失，因为违约公司在信用违约互换市场上已经没有能力维护自己的合同信誉。

由于信用违约互换市场上存在的这种参与者之间密切的关系网络，人们以为几乎所有金融机构，包括许多保险公司以及市场上的其他公司，规模都太大了，简直不可能垮掉。无论它们每一家手中持股者或债券投资者的数量多寡，他们在信贷违约品交易市场上如此之多的交易上都是彼此互补的，这一事实保障它们不可能轻易垮掉。任何一家主要参与者在信用违约互换市场上的失败都将连带着使整个市场和其中的许多参与者一同垮掉。我们所谈论的是世界上一些最大型的金融机构。一旦公司，特别是金融机构，变得过于庞大而不能容许它失败，或者被认为对信用违约互换市场过于重要而不能让它失败，那我们就严重背离了自由市场的构建原则。自由市场有一种机制，其中，由于策略不佳、经营不善及运转不良的公司应当被允许垮掉。如果连破产公司推出经营环境这种事都不能允许它发生，那么资本主义的创造性破坏的机制就会受到阻碍而无法正常发挥。一旦不仅仅是资产投资者而且连公司的负债投资者都意识到自己绝不会输，而且不存在衰落的可能，公司也不能被允许破产，因而它们就没有债务违约的风险，所有这一切却创造了一个巨大的道义风险。这就是道义风险的定义所在。投资者将不再据量面临的风险并适度地估价相应风险，因为他们知道自己不会输掉。你可以想象，如果投资者根本不理会投资的风险度，那么他们所投资的公司的经营计划中将会增加多大的风险。

再说投资多样化，投资者试图以此分散风险，乍一提出来的时候，看似是个好主意。我在本书前面章节里谈到过有关通过多元化投资分散风险的缺陷。信用违约互换市场就是一个实例，说明过于广泛地多元化投资会出现何等严重的问题。投资者误以为他们的投资资产不可能蒙受过于显著的损失，因为投资的项目如此分散。可是我们一次又一次地看到，系统危机导致许多丰富多样的投资项目和公司一起衰落。某些风险是无法被分散的。

由于信用违约互换市场中的错综复杂的关系网创造了一个巨大的多米诺骨牌链，其中一个公司出了麻烦立即会连带所有的公司跟着遭殃。资本主义系统内部已经形成了复杂而密集的互连结构，公司的作用与每一个其他投资者、消费者和供应商没有太大分别。因此在这些公司之间分摊违约风险是毫无疑义的。

信用违约互换市场同样要对这次金融危机承担很多责任。尽管金融危机是从抵押品市场开始的，当银行停止放贷，甚至在银行之间也不再进行信贷交换，它就加速了信用体系的崩溃。他们停止对外贷款的原因主要应归咎于信用违约互换市场的问题。没有人知道是哪个公司持有哪些资产，甚至更坏的是，没有人知道，如果一个公司真的破产，它也将在信用违约互换市场上受到伤害，因为原本它是受到免于破产的担保的。

整个系统都避开了透明度，但是即使它是透明的，内部如此错综复杂的勾连关系也使其不可能出现一个公司独自垮台的局面。资本主义机制创造了自以为是一种新概念的信用违约互换市场，然而它的集体性分担风险却与资本主义的整个理念背道而驰，资本主义理论是让私人公司去竞争，而不是让它们做出契约性的安排，这种安排使它们一损俱损。由于信用违约互换市场的存在，汉克·保尔森的双手被捆缚住了。他不能让任何公司破产，因为它的破产将激发交换市场上的清偿行动，而且，假如破产的是互补性机构，就会引起大规模的混乱和瓦解。他必须在债权人成功收获哪怕一美元之前把每一个公司拉出陷阱，否则信用违约互换市场就会达到激发点，就需要开始要求偿付的行动。这个跨保险的违约风险的简单逻辑却是资本主义的局限所在，正如我们在发达国家中所了解的那样。

没有途径可以改造这种很坏的逻辑并使之正确地发挥效用。它是对自由市场资本主义的直接威胁，正是由于这样，这个网络需要被彻底拆除。网络占位应当在市场中加以计算，那些纯粹的投机者应当被无偿地清除出去。政府可以确定有多少真正被困住的客户需要根据合同予以补偿。但是，信用违约互换市场应当被永久关闭。

谎言 74：

多元化市场应当不受管制，以达到最大的流动性。

派生市场和特定的有问题的信用违约互换市场是否应当接受管制的问题在 1999 年就被提出了。由鲍伯·鲁宾和拉瑞·萨默斯牵头，克林顿政府强烈反对对其施加管制，并且得到了共和党占多数的国会的全力支持。

很难说他们是被自己的意识形态所激发起来的劲头，还是他们与那些能够带来巨大利润的贸易公司的密切关系所决定的。我们已经探讨过，政府的行为与企业的策略过于趋同，因此，让我们试问，是否应当从理论出发制定管理规则。任何人观察派生市场的时候都会很快了解到机构互补性共生的风险何等显著。当一个人看到派生市场上具有互补性的金融机构错综复杂的蛛网关系，你只能得出这样一个结论：放开一个巨大的互补性金融网络必将给整个经济系统带来巨大的风险。

同样令人难以置信的是，这些人并不充分理解，风险本身不是全然多元化的。他们都经历了近期的金融危机，其间，一些初始事件的影响很快遍及整个经济系统。1998 年泰国的金融海啸与亚洲的金融危机导致了俄罗斯对其债务的违约拒付。

更重要的是，当长期资产管理公司陷入困境，人人都知道发生了什么。据估计，仅此一个公司在国际债券市场上就有超过一万亿美元的缺口。他们的垮台促发了由美联储和纽约证券交易委员会联合发起的接管行动，其间，纽约的 6 大主要投资银行和商业银行最后以受到接管告终。不允许公司破产的理由是，那只是调整者——显然是指涉入拯救行动的银行——的看法，如果它们破产，它们将引起继发破产的大崩溃。而长期资产管理公司陷入困境的原因是，由于它们所有的市场地位都一同变成与它们对立的因素，无论它们自许何等多元化。实际上并不仅仅是俄罗斯的破产损害了它们。所有它们的通货交易以及所有等级的交易统统转移到与它们作对的方面去了。这就是系统风险的定义所在。

如今人们说，我们没有从欧盟汲取经验教训，那就是：管制是必要的。

但是长期资本管理公司却力拔群雄地成为更耀眼的反例，因为它忽视了与2008年吞噬市场的那场危机发生前相同的重要警示信息。这又一次被解释成了资金流动新的危机。每件事最终都成了流动性危机，是因为陷入困境的公司确实用光了所有的钱，你只需对它投入更多的资金，似乎任何问题都能迎刃而解。实际上你必须做的是辨别清楚信贷违约交换市场上的风险，那可是一个防止公司违约的市场；有人问，假如有一伙财大气粗的大玩家同时对自己的债务赖账，如何是好？

既然汉克·保尔森已经把几乎所有公司拉出了破产的边缘，那么情况就不会发展到仅仅由于莱曼兄弟公司违约而威胁到整个系统的程度了。这使问题过于简单化了。其实不单是信用违约互换市场的参与者必须对那些行将破产的公司予以赔付。他们还必须拿出更多的抵押品进行于己不利的交易。作为担保摩根·士丹利银行破产的代价，从每千万美元的3万美元年度保险费直升到每年80万美元，提供这笔保险费用的公司不得不拿出更实在的新的抵押品来维持自己地位的稳固。

正是这些抵押品的调用最终造成了信贷危机。恰如股票市场上的抵押品调用造成了1929年股票市场的崩盘，发生于负债有价债券和信贷违约交换市场上的抵押品调用造成了2008年信贷市场的冻结。

除了信用违约互换市场上的抵押品调用之外，市场上许多最大的玩家，包括美林银行、高盛和摩根·士丹利，都收到了他们为自己的临时回购协议贷款预先设置好的调用抵押品。这些抵押债券、公司有价债券以及其他负债债券都在市场上发生贬值，而他们的临时放贷者被要求提供更大量的抵押品。

对信用违约互换市场不加管制的结果是一场灾难。直至最近，还没有中心票据交易所用于交易。业务处理被当作似乎只是自愿的买家与自愿的卖家之间简单地办理交易手续。大公司的网络关系与互补性共生的状态的危机对整个系统的威胁完全被忽视了。没有人知道其他公司的负债危机程度，也没有一个互通的办理交易的网络平台，于是你就不能确定谁被适度防护起来了，谁又不能免于被冲击。一个像AIG（美国国际集团）那样的公司典型地永远站在所有交易的同一侧。它们几乎永远扮演一个保险者的角色,担保公司对债券的违约。因此,当公司违约的可能性增大,他们就要损失数千亿美元。

J.P.摩根在信用违约互换市场上是一个大得多的玩家。他们尚未大规模签约这一事实表明,他们的确做得比他们的资产账目所反映的更好。也就是说,他们或许担保一个客户:IBM(国际商用机器公司)的负债不会遭到违约,而同时又给第二个客户一笔保险费,以防 IBM 真的赖账。他们对 IBM 负债的担当数量几乎为零。

当然,今天看来这似乎令人不能相信,一个为数 65 万亿美元的高风险市场处理公司违约方面的事务竟全然不受管制。同时,未来商品贸易公司的首脑曾试图警告格林斯潘和克林顿政府:需要立即实施管制啦! 不过他接着就被格林斯潘和鲁宾给撂倒了。他们一直利用所有那些再熟悉不过的逻辑为自己辩护——政府管制将阻碍有效的市场交易。自由市场需要管制以及交易需要遵循法律和规则进行,这些事实已经被他们全然忘记了。

谎言 75:

个体公司从市场多元化受益,因为它可以使赚钱之途顺畅,减少变动。

今日的派生市场已经成为价值高达 600 万亿美元的市场。鉴于全球经济总体规模才值 60 万亿美元,这就显得有点怪诞了。直至信用违约互换市场的到来,你都可以争辩说,市场固有的风险实际上并没有 600 万亿美元那么多。这 600 万亿美元的数量是所有派生合同在字面上的表达而已。那不是真实的现金流由于合同的签署而面临危机。例如,我或许同意支付你一笔派生合同签注数量为 10 亿美元的浮动利率利息,并且,如果你付给我市场上固定利率的利息,仅仅易手的现金在两者之间就有所不同,每年少于 1 000 万美元,而处置费,据报告为 10 亿美元的字面数量。

信用违约互换市场则大不一样。这里全部书面数量是存在风险的,因为全部书面数量在遭遇公司破产的时候也必须予以偿还。因此,我认为,较之于数百万亿美元的简单利率和现金交易，65万亿美元的信用违约互换市场存在远为巨大的风险。公司买入派生产品作为规避自己风险的一种保险形式。当你深入思考的时候，公司对规避风险更感兴趣的主要原因是它们想使自己的收益平稳。他们希望自己的收益在较长时间内不仅增长，还要平稳地增长。有人认为，如果他们的收益一直平稳增长而且可以预期，华尔街会通过指派较高的投资／收益率，以数倍于他们的股票收益的钱财奖励他们。如果成功的话，他们就能创造一个收益流，看上去似乎只有极小的挥发性。但实际上，经营中潜在的现金流会有很高的挥发性。他们向第三方中间人支付保险费以便使这些收益不受阻碍。其实，他们是在利用持股人的基金去误导持股人承担他们经营中的潜在风险和挥发性。

你可以争辩说，规避通货风险或利率波动或油价震荡，这些都是好事。而且，如果这就是我们关于派生市场探讨的全部结论，它就不会这么颇具争议了。公司管理层可能比在大量公司间分散投资的持股人更具动机去设法规避个体公司破产的风险。当单独一个公司破产，整个管理层都要被解雇。持股人同时还能保有其他方面的投资资产。换句话说，我不清楚的是，很好地分散投资的持股人，如果他在每个公司里都充分投资，是否会付给第三方派生中间人大量的费用，仅为确保其投资总目中单独一个公司不至于破产。

不过，仅仅使收益平稳并不能阻止极不寻常事件发生所带来的风险。AIG 跟一系列公司签订合同，只是简单地指出，假如公司下个季度的收益比他们预期的要低，AIG 将负责补齐相应差异。这不过是在收益上施展的手段，这是非法的。最后以损失掉 AIG 的首席执行官的职务告终。但这是一件大事，响当当的干净的公司，如沃伦·巴菲特的伯克希尔哈撒韦也同样要操心这种事。想象这样一个世界，其中的公司向他们的股民报告收益状况，而这种收益已经在派生市场上被如此操控，只为了使之看上去显得平稳，尽管他们的基础经营中的现金流极具挥发性。还有，当你无法看懂一个公司的年度报告或弄清一个公司在派生市场上的深浅，你会意识到什么。这就牵涉到真正的问题。派生市场能够摧毁公司经营的透明度，阻碍聪明的投资者针对个体公司就信贷和投资进行恰当的分析。派生市场减小个体公司报告的透明度通常采用两种手段：他们把报告的收益制作成稳定的以及没有挥发性的样子,而实际上公司的现金流并不那么稳定;他们制作保险单和其他资产衡平表外的债务,从而使投资者无法弄清公司真正的风险。

想象一下,如果今天你想要对一种金融股票进行投资,将会何等困难。假如你不知道他们在派生市场上的情况,你何以对 J.P. 摩根的公司进行投资。可能你会得出结论,认为高盛是一个有风险的公司,正受到破产的威胁;而摩根公司则是经营良好的公司,面对辉煌的未来。不过,你对摩根公司在派生市场上的作为并不知情,或许他们事实上还在担保高盛公司不发生破产呢。于是你可能错误地买入摩根公司的股票,却不知一旦高盛公司破产,你也拥有一份风险。

这个世界完全颠倒了。信用违约品交换市场和派生市场使得股市分析和信用分析全无意义。没人知道谁担保哪个公司的违约债务,个体公司面临的风险是什么,因为他们在派生市场上相互交易这些风险。我们的金融系统正在受到何种程度的威胁,这是怎么强调也不会过分的。整个资本市场是建立在这样一种假设的基础上的:一个理性的人可以借助对公司资产、负债、收益和现金流等因素的分析做出判断是否可以对其投资。如果所有这些数字都是通过派生市场人为操纵和捏造的,那么你对所投资的公司前景进行的严肃的经济分析就无异于向股票选项表上投掷飞镖来做投资选择。

2003年,写作我的第一本预测房产市场崩溃那本书的期间,我就面临这种左右为难的局面。我意识到,房利美和房地美都是以高度负债调节杠杆经营的,而且其资产总量分布状况不良,主要投资在住房抵押品市场上。

但是在我阅读房利美和房地美对特别经济委员会的报告文件以及他们的年度报告时,从上述公司的资产衡平清单和收益报表上看不出任何有意义的趋向显示。况且,他们几乎不能帮助你了解任何有关他们参预派生市场的状况,尽管这两个公司都是派生市场上最大的玩家之一。

最后我得出的结论是,这两个公司正陷于严重的困境;然而,我只能告诉我的读者说,我无法估计他们遇到的问题的严重程度和涉及范围,是由于他们的金融报告根本不具有可读性,也就是任何真实状况都不能显现出来。同时,我认为这是一个非同寻常的大问题,仅限于房利美和房地美两家公司。现在我相信,这是整个世界金融系统面临彻底垮台的关键诱因,也是国际信贷市场将要冻结的原因之一。理由是,没有人能够对公司或银行进行准确的信贷分析或投资分析,因为派生市场严重扭曲了公司收益和负债的原始状况,以至最基本的经济分析都变得毫无意义。

要想使信贷市场解冻,我认为我们必须对派生市场做点什么。换了我,我将先把信用违约互换市场关闭。另外,我还要坚持,公司必须做出完整的经营状况报表,出示他们所有在派生市场上签订的合同,以便投资者能够了解他们的经济面临怎样的风险。

谎言 76:

平均而言,对冲基金胜过一般市场。

在金融危机开始之前,普遍存在一种误解,认为对冲基金好于一般的市场状况。现在,对冲基金正眼看着投资者撤回大量的投资资产,而且似乎世界上半数以上的对冲基金公司都将面临解散,于是人们开始理解对冲基金公司面临的真正风险了。

但是你不可能在金融危机发生前洞察这一切。当报纸和杂志都用通栏大字标题报道对冲基金极盛时期带来的巨大收益,一个简单的对所有对冲基金的计算就可以显示出他们在近几年间的收益一直在下降。

在最近的金融危机发生之前,对冲基金,平均而言,仍然在报告他们相对于股票市场的丰厚收益。然而,基于对冲基金所采用的很大的杠杆调节率,以及他们自身投资的风险度,外加他们经营方式的集中和单调,单纯探寻究竟谁拿到了更高的收益,究竟是股票还是对冲基金? 是不公平的。这里,专业分析已经显示,对冲基金的成绩实际上并没有超过股票市场,特别是在他们的专项费用和利润分成协议获得准许之后。

投资于对冲基金的整个概念是,你是在一个假定为精明的投资者身上赌博,它靠经营基金赚取新的利润,所谓 A 股收益。那些实际收益都与普通股票市场无关。任何可以创造收益的人都与股票市场高度相关。这些收益,众所周知,均属于 B 股收益,实际上他们没有经济价值,因为所有你所创造出来的更多收益只能在股指浮动上有所显现。

研究对冲基金的学者发现,平均而论,对冲基金并不能收获任何 A 股收益。对冲基金数年间的收益总量只不过是简单的 B 股浮动收益。对你来说,投资于对冲基金与投资在股票和债券的组合市场上的收益效果没有什么不同。

这就需要问一个问题了,为什么人们愿意把如此大量的资金投入到对冲基金公司去创生平淡无奇的收益? 实际上投资者自己很容易赚取这种水平的收益的。

很遗憾,一旦人们意识到对冲基金不会有任何特别的招数为他们创造利润,华尔街发明的对冲基金指数就无外乎通过复制对冲基金收益后统合制作出来的数据。它们也无外乎是公司持有现金和债券的组合在股票市场上从事卖空投机的结果。但是它们被设计成与对冲基金经营一段时间后取得收益的途径极为接近的样式。但是从定义上看,因为它们是靠存储数目庞大的股票指数被创造出来的,因此它们不可能拥有任何特别的 A 股收益。好消息是,他们消除了大额的对冲基金代理费。坏消息是,它们只不过是一种获得大量 B 股收益的另一种方式罢了,任何投资者自己都能做到。

华尔街似乎调查了对冲基金的状况,发现它们只不过是赝品,于是就创造出了另一种产品对其取而代之。

投资者应当充分认识到,新的对冲基金指数不会为投资者创造价值,华尔街根本不理会这一点,只是竭力把它们推向市场而已。

当然,大多数投资者审视对冲基金运作时,有一个认识上的误区,他们看到半数的对冲基金都在平均值以下运作,半数的运作超出平均值。不同于忧愁湖与加里森·凯勒的理想之家,那里的孩子们个个出类拔萃;在现实世界中，我以为，对冲基金运作的效果好坏参半的情况无疑是正常的，符合真实的规律。如果投资者自以为可以选购到那种未来经营效果一定超乎平均的对冲基金，那纯属自欺欺人的臆想。在过去纪录的经营结果与未来将会出现的经营效果之间似乎存在着某种相关性，我将在本章后面着重探讨这一点。但是现在，金融危机突袭而来，许多这样假设的不同凡响的经营表现业已被发现，是公司在过度冒险，很可能是在派生市场上，而投资者对此几乎一无所知。

谎言 77：

如果你想选择对冲基金型收益的话，投资一个基金中的基金是一种使风险最小化的上策。

基金中的基金，这恐怕是我有生以来见识到的最大的骗局。它的概念围绕这样一个事实，即：对冲基金行业非常隐秘和封闭的，单个投资者寻找投资对象的时候很难分析多种多样的对冲基金以及他们的管理者。基金的基金是管理者的二级市场，许多投资者，例如养老基金的投资者，都知道单一的对冲基金风险很大，因此选择基金的基金作为投资对象，就可以在众多对冲基金中分散投资。一种基金的基金无非是投资于一种自身持有其他对冲基金的基金公司。鉴于你完全可以走出去，自己购买独立的对冲基金，我看不出基金的基金会比那种投资的价值高出多少。再说，你最终还要支付给他们双倍的费用：大笔的开户费，支付给对冲基金的利润分成，然后还要支付给另一层经营单元——基金的基金——另一套开户费与利润分成。

基金中的基金的管理者承诺于你的是，他可以代为探听未来哪家对冲基金将会有很好的走势。当然，鉴于许多基金中的基金的近来的运作都是灾难性的，管理者的承诺绝不可靠。基金中的基金的管理者，根据某种对冲基金过去所报告的经营纪录预测未来的收益，同样是困难的。基金的基金还承诺可实现投资的多元化。但是由于对冲基金是以高度负债杠杆经营的,又由于他们大多属于派生市场上的大玩家,还由于他们所有人都受流动性或者信贷危机风险的支配,最终,他们相互之间比人们意识到的还要联系紧密,在这些基金中的基金的投资上,实际上并没有他们承诺的那么大的多元化。

在许多案例中,基金的基金无外乎是一种肆无忌惮的管理者的生财之道,比如伯尼·麦道夫,收受投资款项却从未败露过。那些为麦道夫基金筹集起数十亿美元的人们并非是全然盲目的,那是在告诉投资者:他们很幸运地入场了,而且麦道夫不会对他们泄露详细的金融信息。这就使金融分析变得更为困难,因为你离委托人又远了一步。这是一个建立在基本有价债券分析与信贷分析基础上的系统,但实际上这一系统是建立在人际关系以及眨眼、点头之类的隐秘操作基础上的。我对那些在伯尼·麦道夫公司以及其他基金中的基金的投资上损失无数钱财的人们一点也不同情。他们不仅逃避了严肃的金融分析,而且对人际关系依赖过多;我相信,他们私下心知肚明:那些承诺的收益只能在麦道夫扭曲规则的前提下莫名奇妙地实现。后续文字中另有详述。

谎言 78:

伯尼·麦道夫开创了一条不断赚钱但又不过分的坦途,年复一年都会有收益。

人们事后才恍然大悟,原来伯尼·麦道夫竟然是空手套白狼地创造出500亿美元的庞氏骗局。市场管理者竟然没抓住一点把柄,令天下震惊。想象一下当时管理松懈到了什么程度:证券交易委员会,在众口一词地抱怨麦道夫基金之后,仍然不能进行一下简单的调查,看看麦道夫经营中是否真有任何资产在运转。

我想,投资者把他们的资金投给麦道夫,并不足为奇。你看,庞氏骗局规划得天衣无缝,妙就妙在它全然不是建立在信用基础上的;你实际上能赚到实实在在的收益,但你并不知道,那些投资收益不是以真实资产投入赚来的真实收益支付的，那只不过是把新的投资者投入的资金挪过来用于基金运转而来的。但是从你的角度看，那更像是在你自己的投资资产上生成的丰厚收益。麦道夫在某一方面可算是精明透顶。他不承诺 35% 的收益盈余。因为庞氏骗局很难维持这种收益水平，况且，如果他说真能连续创造那么多盈余，投资者也会起疑。相反，他提供给投资者的是一种持续不断但低得多的投资收益。他只承诺 10%~12% 的收益率，但他切切实实地每年都能把这种收益返还给投资者。无论潜在的股票和基金市场行情如何，麦道夫基金永远只返还 10%~12% 的投资收益。

一个心机缜密的投资者本来应当能意识到，这种完美的持续性基金运作也像一个每年收益率为 35% 的基金一样可疑。在一个全无确定性可言的世界上，完美地创造出持续性的、挥发性为零的收益，与创造出非同寻常的极高收益同样困难。

麦道夫的投资者，无论在繁荣期还是萧条期都能获得 10% 的收益，这里面的玄机，他们连问都不问；这倒让我怀疑那些投资者实际上知道麦道夫并非在合法的基础上把事情做得如此出色。也有谣言传出，说麦道夫一直在欺骗他的交易客户，对市场上那些投资人都想买入的股票，他抢在他们之前全拿下来了。在他的对冲基金上投资的人很可能听到了这类谣言，也完全有可能相信，因为他们的投资收益一直好得令人难以置信——不过，尽管存有疑虑，这并不能阻止他们继续对麦道夫基金投资。这也就是我对那些在麦道夫基金上损失大笔金钱的人们不予同情的原因。事实上这些投资者不仅维持在麦道夫的投资资产，甚至把投资收益返回来再投入他的基金，这就使他们在我心目中几乎就成了麦道夫的共谋者。

仁义的庞氏骗局通过源源不断为人们带来良好收益而笼络住他们，使其三缄其口，绝不问原始资金打哪儿来的。收了钱而不问出处，这正是大多数犯罪性行当的行为基准。参与庞氏骗局的人们，拿到收益却不问是如何生成的；那么投资到了泡汤的地步也该自认倒霉，不能指望谁会同情他们。

谎言 79：

对冲基金不应当受到管制，因为只有见多识广的投资者
才会对其投资。

这一谎言不仅容许人们创造了对冲基金行业，还容许它在不受政府
监管、没有透明度以及不做金融报告的条件下发展到了价值数万亿美元
的规模。

谎言背后的理论是，由于对冲基金投资者仅限于非常大的机构以及
非常有钱的个人，他们都须有雄厚的资产基础，特别是，要有超过 500 万美
元的本金储备，你不需要让对冲基金受到监管，它们也不需要对证券交易
委员会报告自己的金融状况和经营效果。其基本思路是，设有证券交易委
员会的理由原本是为了防止公司对缺乏常识的小规模投资者巧取豪夺，
因为民众没有能力通过投资分析做出取舍决定。由于对冲基金仅对脑筋
够用的大规模投资者开放，于是就有人争辩说，对冲基金市场无需任何正
式报告，或者对外公布其基金的经营状况。但愿事情就这么简单。我希望
对冲基金造成的损坏已经导致和将要在未来导致的破坏能够仅限于那些
老谋深算的以及非常有钱的投资者蒙受的损失。可惜实际情况并非如此。

对冲基金的投资者的确是老谋深算的金融大玩家。他们绝不声张对
冲基金对他们扯了谎并予以欺诈，甚至连可能遭遇的风险都未事先告诉
他们。那是他们自愿参与的游戏。他们知道自己在从事完全无设防的投
资，因此直到后来，他们掉头回来的时候才说，对冲基金没能适当地透露
风险度，或者承认，对冲基金采取了诡诈的欺骗性操作。

这简直就是盲目的赌博。对冲基金对他们根本不承担任何义务，对他
们的投资资产也是如此。只有在对冲基金明显违法的情况下，我才能见到
有人出面据理力争，从而使投资者有希望从对冲基金管理者在基金中巧
取豪夺出的巨额费用中得到一点对他们投资资产损失的补偿。这种幸运
的案例少之又少，我想，这些对冲基金投资者势必面临确确实实的损失
了；不过对此我并不为他们感到惋惜，因为从一开始，他们就铁了心要跟

魔鬼做交易。

不过，对冲基金对金融系统的损害却并不局限于仅让那些精明的金融投资者蒙受损失。对冲基金从一开始就应当受到监管、应当透明操作、应当被迫定时向证券交易委员会报告自己的经营信息，所有这些的真正理由在于，那些对冲基金公司的操纵者都是我们整个金融市场上最大的玩家。我倒不在意那些对冲基金的投资者，我真正担心的是其他市场参与者，因为他们的业务每天都不得不与对冲基金发生联系。对冲基金一直为保持现状而斗争，任何要求他们操作更透明一些的企图都将受到扼制。他们是这个国家最大的国会与总统竞选的捐资者，作为他们政治献金的交换物，政府承诺不对他们设置新的管制条例。

当然，他们也分辩说，他们不想变得更透明的理由是，他们不想放弃他们交易的私密性，让大家都知道他们是如何创造出那么巨大的利润的；这就如同肯德基炸鸡不愿让天下人都知道他们的私家调料配方一样。因此对冲基金的人告诉你说，如果他们不得不泄露自己在通常基础上的地位，竞争者就不是仅仅凭着分析知道他们的生财之道了，就会在市场上照着他们的样子复制自己，最终把他们的利润机会统统毁掉。

这是个不错的自我辩护，不过我并不买账。我认为人们抵制透明操作而且逃避金融报告的原因很简单。他们大多数人都害怕自己的行动受到强烈的聚光灯的照射，因为那些行动实际上近乎犯罪活动。我相信，对冲基金，几乎无一例外都有或多或少的违法行为。

从对冲基金的角度，这种依靠违法操作生成巨大收益的最简单的办法就是违背资产比例均衡配置的原则。在特定市场上，存在着对公司资产配置的限制，规定出究竟可以在多大程度上利用杠杆配置特定的资产。对冲基金可以轻而易举地操纵这些资产平衡率，因为没人知道他们有怎样的资产以及如何利用那些资产。

听上去这好像属于技术性的问题，但是它引领了大规模的对冲基金行业采用高度杠杆调节的经营模式，没有人能对此加以准确的分析。这种杠杆操作为金融系统带来极大的风险，因为它不仅威胁到对冲基金公司的转让，还威胁到对它们放贷的银行。贝尔斯登公司，其自身的抵押品经营问题被曝光的时候,它还是对冲基金最大的放贷者之一。正是被曝光的抵押品经营方面的严重问题使我相信,贝尔斯登真的破产了。

伊凡·博斯基,20世纪80年代最负盛名的内部交易者,赚取的大部分金钱不仅来自内部交易,也有很多来自违反资产均衡配比原则的经营行为。他在自己的风险很小的投机上下赌注,因为他已经拥有了从事高度杠杆手段经营的阵地。

不同于今天的是,政府的法规最终缚住了伊凡·博斯基,因为20世纪80年代的基金行业还必须向政府报告他们的资本配置状况。

对冲基金得以持续不断地生成丰厚利润的第二个途径是内部交易。这也是对冲基金行业的特点,他们与所有主要的大型投资银行、商业银行以及交易站建立密切关系。于是就会有更多的"特殊"情报提供给他们,这是别人望尘莫及的。而且,他们出手阔绰,对投资银行和商业银行进贡大笔费用,使这些银行具有充足的动力向他们提供更多的特殊内部信息来让他们满意和开心。

假如这些对冲基金公司,获得了如此充分的内部信息而不去从事内部交易,那才是怪事。证券交易委员会并没有惩治他们中间的任何人,足以说明政府的监管已经到了何等懒散稀松的程度。但是,我不认为对冲基金行业从事内部交易的只是少数的无良玩家。我想,这是他们几乎所有投资决定的基础。据此我们就不难看清,这些从未有过真实资产投入的无赖交易者何以能达到每年35%~40%收益率的原因所在。

年复一年,这些对冲基金行业巨大的收益违背了我所知道的关于有效市场应当遵循的所有规则。你假定自己不可能赶走他们,同样,公众也假定不能年年对他们围剿。我有生之年从未遇到任何人战胜过市场,除了我在华尔街认识的几个人之外,他们都在从事内部交易。他们承认,但没有透露细节,他们的投资哲学就是根本不投资,直到他们得到关于未来公司动向的特殊信息,才蜂拥而起,一齐进行投资。他们一点也不想冒险。他们根据内部消息,在稳赚不赔的事物上才肯投资。不靠这样的手段,对冲基金几乎不能创造任何收益。

几年来,哈佛大学都连续报告了它的捐助基金戏剧性增长的百分比。

他们也在向对冲基金中自己的户头进行大量投资。可能有些人会以为哈佛大学的基金管理者比寻常人聪明得多,我却不以为然。如今,那些基金管理者已经离开哈佛大学,到华尔街上开创了自己独立的基金公司,业绩糟得很;这似乎说明,制胜的关键并不在于管理者技高一筹。哈佛的确出类拔萃, 它的许多毕业生都在政府里占据最高的职位或者在金融世界里成为主力。哈佛的基金管理者很容易跟各界校友精英联系上从而获取在市场上不予公开的特殊情报。他们甚至可以装作无意之间办到的。但是我相信,这些重要的政府官员、金融专家和企业执行官开创了一条有效途径去捐资他们的母校,从此用不着再填写俗间的支票。相反,他们还可以跟哈佛投资基金管理者分享那些尚未公之于众的情报,在此基础上,哈佛也能通过交易收获不同凡响的利润。对此我没有任何其他证据,除了他们持续报告的远胜于一般市场的经营结果, 而这种状况与我所理解的有效市场的规则不符。哈佛几十年如一日地在投资领域拔得头筹,这一事实意味着,假如有效市场理论是正确的,哈佛诚实地做到这一切的可能性只能小于1%。换句话说,假设没有人能在市场上超常发挥,哈佛的巨资经营持续了几十年,如果不靠欺诈,他们做到只胜不败的可能性小于1%。

我相信, 对冲基金第三种欺诈手段是通过在市场上和股市价格上的操纵,巧取豪夺巨大的利润。很多对冲基金公司,尽管自身相对于交换的贸易总量来说显得很小,却把他们的注意力集中在一两种股票上,就能使它们在那些有价债券中交易量中占有一个很有意义的百分比。假如个人或公司可以在任何人的有价债券中代表一个很大比例的交易量, 他们就能游刃有余地操纵他们认为合适的股票价格。这就是20世纪80年代丹佛便士股票市场的基础, 后来被证券交易委员会关掉了。操纵市场是违法的。这一次我还得说,除了这些对冲基金创造了非同寻常的、为数巨大到几乎不可能的收益这一点之外, 我没有任何相关证据说明这些特殊案例的确切内情。由于没有要求对冲基金公司呈交金融报告,收集真实的证据就成了办不到的事情。

个人投资者和公司都曾抱怨对冲基金公司对股票价格施加不正当的影响。有些人抱怨短线产品销售者甚至曾经在市场上推销根本不属自己所有的股票。这倒不是我所关心的事情。可以想象，短线产品销售者，在一个过分乐观的买方市场上是如何对其他投资者提供一种货真价实的服务的。不，我关心的是，我们对那些对冲基金公司是不是能有足够的管制手段以及对它们透明度的要求，从而使我们可以清楚它们赚取利润的方式，以及，他们是否对股票价格以及其他商品和资产的价格暗中操控以求达到自己的目的。

对冲基金公司造成的真正破坏还不仅限于他们的投资者蒙受损失。相反，我相信，从那些与他们公司进行买入或卖出债券交易的人们身上，他们窃取了极其大量的金钱。而且我认为当前信贷危机的部分问题使公众与机构最终都变得精明起来了。他们意识到，股票市场、商品市场以及其他交易市场上的活动都不是公平的游戏，而且并非人人都在根据公开提供的同一信息公平地参与游戏。你可以把这叫做缺乏信心，但实际上不是的。这是一种对市场业已变得腐败的认识。为什么你要永远在一个游戏对方根据你所不能获得的内部信息经营的市场上进行交易呢？

你不会那么蠢。鉴于这种分析，我相信，对冲基金行业，通过它的不透明的交易，已经严重削弱了全球金融市场的基础。资本市场的崩溃正是我们今天遇到的灾难性的经济衰退的主要肇因。何以，仅仅靠政府花钱减税并采取财政刺激方案并不能成功地使我们的经济摆脱困境，这正是原因所在。真正的弊病实际上存在于更深、更深的地方。

第十一章

关于政府与行业管制的谎言

谎言80:

当前的金融危机是政府过多干预市场造成的。

阿道夫·希特勒说,如果你想撒谎,就撒个大谎。那么现在这个大谎真够资格。

保守派在无线电和有线电视新闻节目上的谈话已经开始变成他们丧心病狂的舆论攻势,试图把当前金融危机解释成政府的问题,而不是自由市场或私人企业的问题。他们正在为自己清除一切障碍。而且毫无疑问,想把真相排除在外。

每过一星期他们都会释放出一个新的实验气球,看看它是否能有作用,当然这只是一个比喻。在他们发起的活动期间,他们指责橡果公司,尽管橡果公司提供的抵押市场建议仅仅涉及美国国内的5万公众。尔后,他们又紧跟社区再投资行动计划(CCR),声称这一政府行动迫使放贷机构把钱借给穷人,而那些穷人根本就不应当充大个买房,结果造成房产市场的垮塌。

正如我在前面解释过的,他们所说的都不是实情。他们心安理得地把罪责推到房利美和房地美,把他们称作政府主办的经济实体,但也承认,他们是对国会从事游说和竞选捐资的主要成员。他们愿意让你相信,房利美和房地美是政府的一部分,而实际上房利美和房地美完全是私人营利性组织。房利美和房地美,对此次经济危机的确有不可推卸的责任,如同每个其他的大型金融机构的私人分支机构都难辞其咎一样，他们对国会进行游说，让它放松管制，听任他们采取过高的负债衡平资产从事经营活动，并且给他们发放不应得到的贷款，而这些都让他们的管理者和股东中饱私囊。不过，正如我所说的，政府在房利美和房地美事件上的倾向并无异乎寻常之处。他们的确享受到了政府的保障措施，而这只不过暗示出，直到汉克·保尔森以个人名义兑现了承诺，并且让中国以及世界其他地方的投资者统统来对破产的房利美和房地美投资。

当然，政府在本次危机中起的作用非常之大。不过我认为自由市场群体有点因果倒置了。我认为政府不应当强制信贷机构去从事自己不情愿的放贷，或者不情愿地大量放贷。我想，他们是从私人行业本身的角度对游说压力做出反应的。你看，私人行业已经发现，通过负债抵押债务处理机制，他们能够奇迹般地将不良的次级抵押债券变换成三 A 级有价债券。他们所需要的只是开辟一块没有政府管制条例制约的场地。我相信，整个行业花了大钱，让国会退后一步，放弃管制律令的出台；其后，他们把自己厚颜无耻的谎言藏在漂亮的大话背后，吹嘘说，他们正尽力为美国促进民众对住房的普遍拥有。与此相似，艾伦·格林斯潘也难辞其咎，他让利率在过长的时期内一直保持在 1%的水平，并且鼓励股票市场和房产市场上泡沫的堆积。他做出姿态，好像充耳不闻那些来自地方顾问的警告——抵押代理行业中欺诈性活动猖獗泛滥，以及抵押条件已经变得面目全非和难以支撑，贷款也越来越难以兑现了。

我还要说，我认为艾伦·格林斯潘并不代表我们的政府，肯定也并不代表广大选民来从事那些工作的。他一辈子奉行的经济哲学就是极端自由主义的观念。他是安·兰德学说的主要推崇者。但是他并不是在主持美联储办公室的时候产生出那种经济哲学的；相反，他之所以被任命正是由于他持有那种哲学观点。公众没有选择他，是大公司控制的政治家选择的他。是那些大公司把他推举到美联储办公室里去的，因此他们才应当为格林斯潘的错误政策承受指责。艾伦·格林斯潘的经济哲学从未成为主流，假如美国人充分了解他那些观点的实质，他们也不可能予以认可。这得感谢艾伦·格林斯潘的那些观念都是用一些含糊其辞、晦涩难解的言辞表达出来的。

于是在有关谁的罪责更大——大公司还是大政府——的问题上，我的看法是，大公司有更大的罪责，因为他们是主要的驱动力，他们是花钱对国会和总统施加影响的主要群体，因此他们的意向得到采纳和实施。而在另一方面，国会接受了贿赂。国会议员完全清楚他们在做什么。他们从大公司收受钱财，作为交换，回头便取消限制禁令。1995年的一天，我正坐在国会山的台阶上歇息，D奶奶，一位从新汉普敦来的89岁的老寡妇，结束了她徒步走遍全美的3 000英里旅程，对着国会山宣布说，那里是一屋子的恶棍。有人拿了贿赂，有人说出了实情，谁又该受到更多的责怪呢？可是在此案中，国会曾宣誓要代表美国公民的利益行使职能，却收受公司贿赂、颁布惠及大公司利益的立法律条的问题，很大程度上伤害了美国公民的利益。因此，他们不仅是盗贼，同时也是恶棍。他们违背了自己对民众的誓言。

大公司和大政府都应当对我们的经济大混乱承担罪责。而且，我想，解决这场危机并且在世界上创造更稳定的经济环境的有效途径是，首先想办法对大公司和大政府的行为加以限制。现在的状况是，太多的自由市场上大公司的舞弊太猖獗，太缺乏管制，政府有太多的失职。解决这些问题的办法是削减这两方的权力，坚持让他们两方缩小规模并削弱权力，成为较小的实体，成为选民更容易控制的机构，这样，一旦他们两方，或者没有很好地服务于人们，或者没有为股民谋利益，所造成的损害尽可能最小。

谎言81：
政府管制对经济增长和繁荣都是不利的。

经济学领域另一种陈词滥调是说，过度的政府管制不利于经济增长和繁荣。而我在研究中发现：在一个国家里，政府的更大开支与更大量的国家财富相关联——这与传统的经济学试图发现的规律刚好相反。可想而知，对这一结果我何等惊讶。

这项研究结果显示,更大、更成功、更富裕、更发达的国家,其政府规模更大,在 GDP 中占据的比重更大。如此的相关性并不说明其因果关系的正确。很可能的情况是,一个国家变得更发达、更富裕,是由其他因素导致的,而随后,出于这个国家理性的决定,才把他们的政府构建得更庞大。

你可以争辩说,那可能是欧洲发生的事情,或者直到最近才在美国出现的事情。资本主义的、民主的机构,包括坚实的法制基础和一整套管理制度,允许这些发达国家迅速成长和变得越来越富有。一旦他们达到了足够富裕的程度,他们就开始提出一个显而易见的问题,他们的弱势公民们生活得怎么样。很多人得出结论说,扩大政府规模以使其能够把富人那里来的钱转而投放给需要的人、病弱的人、残疾人和老年人,这样做是正确的。在这种阐释下,国家首先变得富裕,然后才会构建更大的政府。

可是,其因果关系反过来也能成立。或许更大的政府对促进经济繁荣更有帮助。直到最近,这种说法被认为是对美国国内所有主要商学院的亵渎。因为几乎每家商学院教的课都在说:政府是商业的敌人,以其毫无必要的管制只能阻碍经济增长和繁荣。

但是,经济学领域最新的学术观点和资本主义制度的相关理念都论断说,政府的管制与规章制度的制定是成功的资本主义经济体系的必要组成部分。自由市场和资本主义体系都是建立在法制基础上的。你不可能拥有一个没有规则却功能良好的自由市场。参与者需要知道,他们的产权会受到保护,合同需要忠实执行和兑现,欺诈行为会被曝光,司法系统将防止不公正和不公平的市场行为——诸如共谋欺诈和垄断权利。

自由主义者,其领军人物是米尔顿·弗里德曼,过分强调说政府的最适当角色仅在搞好国防一项。照我的理解,他这么说话只能表明他完全不懂他所尊崇的自由市场体系的基础是什么,或者,也许他刚刚学会对其淡泊以待,不再那么大惊小怪了。当然,一个国会,颁布一条民众感到必要与合理的律令;一个司法系统要强化这些律令,这都是构建一个自由市场的基本成分。我相信,私下里,弗里德曼也暗自同正反两方面观点来回较量:民选政府是否应当控制市场并为其立法,或者,自由市场是否应当在政府控制和管制范围之外运行。他的信念是,政府常常做错事,哪怕他们怀有良好的动机;另一个信念是,自由市场的平衡之美不容任何人横加干涉;这两个念头合到一处,我想,肯定误导他去坚信,自由市场一定要在政府管理的范围之外运转。

这也是我们过去30年的错误所在。我们一直允许我们的金融市场和我们的商业市场变得完全无法无天。我们假定,大公司自己将会约束自己的行为,因为他们害怕丧失清白的名声;然而我们没有意识到,对冲基金公司根本没有声誉可言,他们高度负债经营的投资活动一旦出了差错,立即关张就是了。

这个错误不是轻轻松松就能修正的。正如我们说过的,它不仅遍布从纽约到华盛顿特区,而且泛滥在美国各条主要的大街上。如果你在美国重新制定商业规则,只能伤心地发现我们从前取得的成功都不过是镜花水月般的幻觉。我们的政府之所以迟迟不对金融行业加以管制,原因就在于,一定要清除负债杠杆经营活动,还要重新标定资产的真实价值,这都会导致全球各地的大公司纷纷破产。这个乱局没有简捷的出路。杀出血路必定带来极大的伤痛。我只能希望我们有病早吃药,比强拖下去要好;而且,我们一定要从我们资本市场和经济环境中那些最基础性的问题抓起。由于我们作为一个国家,正承付着巨大的债务负担和每年万亿美元之多的运行赤字,我们并没有无限的时间去修复这些漏洞。现在是我们做出正确抉择的时候了。

谎言 82:

资产评估事务所是规范的机构,它们为投资者工作,为他们的投资做出最适宜的判断和估价。

在所有阴谋和骗局的参与者实施的所有造成全球信用危机的违法活动中,我相信,最令人惊愕的是利用资产等级评定谋取利润的活动。资产评估事务所存在的主要目的就是对风险加以评估。谁也不可能相信资产评估事务所的风险评估师把整个职业生涯都投注在了抵押债券市场上而不问一个最基本的问题——如果未来房价下跌,会有什么事情发生? 对于丧失抵押品赎回权的债务违约率的不断攀升,这一切又意味着什么?

他们当然知道要问这些问题。他们佯装不闻不问,实际上就是他们有意漠视自己行业行为——风险评估的迹象。他们收取高达数十亿美元的报酬去为不良资产贴上三 A 级债券的标签。他们从债券的发行者而不是投资者那里拿钱,投资银行召开债券组装会议的时候他们也会到场,通过与他们共谋的活动收取数目巨大的酬金。一旦经营失败, 他们就要争辩说,他们的资产评定只是他们的一己之见而已,本不该用来做市场投资参考,况且他们所做的只是估量债券或资产的信用等级,至于未来的价格涨落,与他们无关。他们的见解、他们的主张,都是受到宪法第一权利修正案保护的。

当这些公司收取的酬金达到一个新低, 他们当然要拿这个微薄的酬金说事儿,替自己做的错事辩解。如果这个逻辑能够被接受,那就意味着所有在资产或债券推销过程中的信口欺诈都可以受到言论自由的保护了。要求宪法给他们权利,对债券的价值想怎么说就怎么说,实在有点滑稽。想要发行新的抵押储存债券的公司会时常与某个资产评估事务所联系,如果他们没有得到预期的资产级别,转头就会出去找第二家,甚至第三家资产评估事务所。这听上去很类似房地产代理商雇来的号称是"中立的"房产价格评估人对过高标价的房屋进行评定。

现在市场上的主要问题是,对债券和公司的资产评定谁都没有信心了,我们该如何走下去。正如我说过的,投资者已经变得过于依赖资产评估事务所,乃至很少靠自己的努力去调查和分析意欲投资的目标。在全世界领域内,投资者座位下的名义上的缓冲垫都给撤掉了。你认为,克劳斯,我早先提到过的德国银行的投资经理,有本事对一捆复杂的负债抵押违约资产凭自做出分析判断吗? 他都不敢对此抱有奢望。对一项多股组合债券进行分析,需要具备那种不俗的 CEO 才拥有的数学才能,还要有关于资产方面的多种学问,比如抵押资产、信用卡资产、助学贷款,以及名目五花八门的、来自不同地方的信贷产品,而风险,在所有股票分支上并不是均匀分布的;这样一种任务,整个华尔街也是经历了几十年才摸出点眉目。鉴于金融危机期间他们行业蒙受的损失,他们实在不像对市场风险十分在行、明察秋毫、胜券在握的样子。

在我们的经济能够成功恢复起来之前,这是另一个需要解决的问题。资产评定事务所不仅业已丧失了自己的信誉,而且在脸面的背后,还有大量法律诉讼接踵而至,他们会不会索性让自己破产,来个一了百了呢? 对这样的现实,我们又有什么对策呢? 假如未来是一个没有资产评定机构的世界,我们的投资人要为自己的投资掂量风险,又该找谁办?

谎言83:

证券交易委员会可以阻止内部交易和市场操控。

证券交易委员会一直被赋予防止内部交易和市场操纵的职能。事实上,这个机构早就被告知"撤后一步"了。布什指定了一个政治亲信,克里斯托夫·考克斯,由他主持这个机构。自他上任后,证券交易委员会处置的内部交易诉讼案数量陡然下降。现在的迹象显示,证券交易委员会收到的有关伯尼·麦道夫欺诈丑闻的警告信息数量足以令人灰心丧气。有一个人以个人身份分别书写了6份寄给证券交易委员会在波士顿和纽约办公室的信件,其中一封信用长达17页的文字娓娓道来:何以,麦道夫不应当获得他自称是通过合法手段赚取的巨大收益。其中所做的分析并不十分复杂。只不过用简单的算术结果显示出,假如伯尼·麦道夫真的在未来买入与卖出市场上从事买空和卖空期权的交易,况且真的拥有170亿美元的资产储备, 那么他的交易量简直能让整个债券交换市场一年到头的日交易量相形见绌。

在遭遇失败或灾难性事情发生后,星期一早上,事后诸葛亮站出来,揭露先前被忽视的破坏性危机迹象。对这种行为我并不欣赏。事出之后,你当然能知道要搜集哪方面的迹象。事出之前,该迹象只不过是成千上万种迹象中的一种。

但在这个案例中, 提供给证券交易委员会加以调查的证据并非仅此一件,那只不过是一名公民个人完成独立调查后提交给他们的结果。证券交易委员会原本可以跟被查方串通一气,拒绝根据这一言之凿凿的指控进行追踪调查的。对整个事件报纸也只字不提,因为它如此令人不快,无疑是最简单、最合乎逻辑的结论:证券交易委员会不仅仅是疏忽大意的问题,实际上它是合谋者。他们对这种事既不调查,更没有处置,这让他们也成了这场金融欺诈的同谋犯,而所谓金融欺诈案也就是我们当前面对的金融危机的前身。布什指定的人根本不具备起码的资格;而且我敢肯定地说,上峰早有话传下来,他们不是要找一条看门狗来积极行使对债券市场的监察权。甚至,上峰更深一层的意思是说,谁也不会因失察和疏于管制而丢了饭碗。

主流媒体有这样一种倾向,愿意报道某些证据确凿的真事儿,但是假如某些"真事儿"直指当今政府的腐败以及与华尔街和大商行共谋欺诈,他们就支吾起来,不敢轻易下结论了。如今大多数报业都属各大财团和公司所有,而且,我认为他们忽略如此大事的主要原因是,这些大报的新闻记者也跟他们所报道的金融行业以及政府要人有着亲密接触乃至原本就是好友。一旦你身为记者,对经济领域里某方面的丑闻都想尽力掩盖,我想,你恐怕更不可能对你那些财团和政府中的酒肉朋友吹犯规哨了。

谎言 84:
银行主要使用表外资产经营以便为他们的持股者增加收益。

从安然公司垮台事件中我们应当记取的一个教训就是,要求公司财团报告所有经营活动,并且不得隐藏资产平衡表外资产的投资经营,这一点何等重要。安然公司在自己的账目清单上使用了所有能使用的伎俩来获得大量表外资产,尽管他们实际上始终控制着那些资产。当然,从那些资产上,他们赢得了如他们所指出和所报告的丰厚收益,只是,那些资产从不出现在他们的账面上。

商业银行利用同样的表外操作技术对投资者隐瞒真实资产，利用杠杆技术调节他们在经营中使用的负债量，在安然倒台后，戏剧性地快速为持股人增加大量收益。这些事实让我相信，国会对任何来自安然公司的教训根本不予理会。

在我看来不可思议的是，我们经历过安然公司的舞弊事件，又有了萨班斯－奥克斯利法案，照理应当对会计制度进行改革，避免未来再出现这种会计领域的违法行为；然而仅在7年之后，又有几乎完全相同的表外资产经营的活动败露，只是这次事发在商业银行领域。

我必须承认，我没有细看过萨班斯－奥克斯利法案。但是我知道那是国会通过的立法，而国会不过是那些行业的"后兜"。那些被人们以为是改革性的立法，我敢打赌，其中肯定留着大量空子可钻。尤其是，假如会计事务所任凭他人对他们投资者的责任和债务严加监管，会向很快申请破产的公司提交干净的财务报告，那也太让我吃惊了。如果整个经济体系正常运转，那么这次金融崩溃的一个显著后果是：不仅资产评估事务所要破产，所有大型会计事务所也应当破产，因为他们都要面对大量的民法诉讼。不过，从参与萨班斯－奥克斯利立法的华盛顿内部人士那里，他们也许已经得到了某种可免于牢狱之灾的通行证，也说不定。

谎言85：
商业和投资银行领域的中国墙会阻止利益冲突。

中国墙是一个专门词汇——老实说，我不太清楚这个字眼从哪儿来的——专门用来形容投资银行和商业银行防止他们不同领域的经营造成利益冲突。你可以想象，如果在投资银行的合并部门与他们的交易操作部门之间建立起中国墙，那会何等不方便。合并部门持续暴露于非公开的有关合并的内部信息中，而投资银行的交易部门发现这些消息并且以此做交易，该是何等滑稽的景象。

类似地，在投资银行的研发部门和投资分支机构之间，也有这种假设的中国墙。照理,研发部门接收公开发布的信息,对其进行分析并且推荐给下属事务所的投资客户。投资银行分支机构为各大公司和他们的执行官提供建议,而且,正因如此,它经常存在于其处理非常重大的实质性非公开信息——诸如公司发布的预告和报告——的过程中。

这些中国墙都是自律性的。这里没有政府官员插手并看到有任何物理性的墙体横亘于各种机构之间。相反,那只是一种被培植起来而且要善加维护的企业文化,用于确保那些利益上的冲突不会对公司的客户造成伤害。

不过,我相信,中国墙在华尔街上已经存在了9年时间,已经变得千疮百孔。即便相关研究的分析家没有对投资银行集团说什么,他也会报告给牵头这项研究的资深人士。我深信,高级执行官们肯定能经常私下里获得各个部门的情报。

很难想象事情会是别的样子。换一种说法就是,一个高层商业伙伴或者一个投资银行中的执行官,拥有来自秘密渠道的消息,知道对手的行动将严重损害公司交易台上的公司所持资产的债券价值, 他会对此置若罔闻。这不牵涉他自己的利益或者他的事务所的利益。这种合乎道义的行动说不定能得到天堂里的嘉奖,我敢对你保证,这只能惩罚华尔街。如果任何投资银行可能会损失千万美元资产,那么,如果他们得到来自某一个执行官的警告以后,损失会远远小于1 000万美元,但是执行官又不会从公司那里得到多少酬劳,何必呢。

中国墙,是一个典型的例子,说明何以自律的方式起不到任何作用。法规是写给政府投资者和管理者看的,只为了让他们心安理得,而实际上永远存在着绕开任何法规的路子。不强化法律并依法而行,法律就变得全无意义。通常,在华尔街上,强化法律的具体体现是对一个公司的法律顾问而言的, 确保他们的措施能在公司的政策手册上被恰如其分地书写下来,每个公司的新雇员都会人手一册的。这会满足法律上的要求,但他们宽松的条律书写方式,无疑为他们违背那些条律提供大量的机会。

谎言 86：

对金融市场的过度管制是不必要的，因为任何受到伤害的人都可以诉诸法律而获得赔偿。

最后的辩论是关于：何以金融市场和商品市场不需要管制，因为任何受到损害的人总会有机会到法庭系统去寻求赔偿。

仅在里根政府之后，如许的商业规则就被成功地撤除了，使得后来的共和党主政的政府部门寻求对民事法庭陪审员所准许获赔的水平加以限制。结果是，有些人会在一个无规则的市场上轻而易举地受到伤害，但是如果他们诉诸法庭，他们获得的赔偿将是很有限的。那真是一个理想的世界。没有管制，也没有一个法庭系统去减少毫无意义的乱停车罚单，代之以把对方遭受的实际损失返还给他们，包括对那些精心策划的大越雷池的行动，也只是交些惩罚性的损坏赔偿。

在金融市场上，实际状况要严重得多。金融市场的特点就是，所有雇员的纠纷以及所有客户的纠纷最终都要到司法仲裁系统去辩论，而不是直接上美国法庭。商业银行或者投资银行所有的新雇员以及新的投资客户都必须签署这样一个协定：一旦他们感到自己在投资银行或商业银行手里遭到任何伤害，宁愿利用仲裁机构也不到法庭上去寻求援助。

银行雇员和投资客户不知道的是，仲裁系统是由华尔街控制的，很少有对华尔街不利或者对雇员和客户有利的裁决发生。他们被裁定赔偿的资金被限制在一个非常合理的水平，甚至还会收到返还的罚金。

这样一个系统就是华尔街针对自己的玩忽职守而应付法律诉讼的保险系统。华尔街对他们的投资客户可以为所欲为，但是客户永远没有到公开的法庭上诉讼的机会。

华尔街上的交易商也有自己应付法律诉讼的保险措施。当实施任何兼并交易或者复杂的金融操作，惯例是，如果你要以每股45美元的价钱收买一个公司，你只需出每股44美元的价钱即可。理由是，有整个一个行业的罢工诉讼律师自动起诉商业银行和要价者，指控他们盗窃公司资产。每件事都可以私了,对于要求每股多加一美元的申诉,通过面对面谈话以及朋友之间私下的交易就解决了。公司最终得到了想要的每股 45 美元价钱,与计划无二;但是现在投资银行受到了诉讼而且已获裁决,得到的赔偿翻倍,未来还会受到免于任何法律诉讼的保护。

通过这种途径,投资银行创造了一种保护自己的违法活动的机制,而且无需多少花费——协议的费用就是从每股 45 美元的基础开始的。重要的是,诉讼律师可以向一位法官提出控告,说股价被抬高了每股 1 美元,那就意味着抬高了 1 亿美元,因为他们为自己的代理费正名——这笔资金在一亿美元中占一个小小的百分比,接受诉讼的法官则拿大头。如果他们不能指出假设从销售股东那里创收的价值,他们也得不到报酬。这个系统对每个人都有效,当然,除了销售股票的股东,他实际上受到他们的合伙欺诈,他们几乎不花分文地从他那里夺走了许多股份。

第十二章

华尔街需要的真正变革

现在你已经看过了华尔街上所有最大的谎言,可以看出,在我们的资本市场和我们的经济得以匡正之前,华尔街上需要产生许多基础性的重大变革。我们的系统中有如此之多的谎言和欺骗还在继续,不仅泛滥于华尔街,也泛滥于华盛顿,但是在危机的真正根源被揭露和被校正之前,不会有任何实质性的进步出现。今天,人们已经尝试了用多种手段修复我们的经济,但都没有成功。我对迄今采用过的任何手段都不敢恭维。汉克·保尔森和乔治·布什先前都说过,他们准备从金融机构中收购那些"水下"的抵押债券,以此作为一种释放银行资金的途径。这在我看来毫无意义,因为我并不认为这是一场流动资金的危机,而是银行偿付能力上的危机。以折扣价从银行收购抵押品,无外乎为银行制造更多的损失,还会进一步威胁到它们的偿还能力。在汉克·保尔森开始清醒地认识到这一事实,他只能违背自己在国会上的承诺,以不再动用不良资产处置计划的基金去收购水下抵押资产告终。相反,他转而把 3 500 亿美元给了自己在华尔街金融行业中的一些密友。除了这些直接对金融行业的资助和拯救措施,他还为价值 3 000 亿美元的花旗集团资产做了担保。

奥巴马宣布的经济刺激计划同样被延缓执行。他的减税计划与削减政府开支计划意味着政府在今后两年之内的支出将会超过 1 万亿美元。而这意味着 2009 年的政府赤字可能会接近 1.8 万亿美元。

我们被拖入这场混乱局面的一个非常简单的原因是,我们的市民、我们的商业、我们的银行和我们的政府都曾利用一个利率很低的经济环境去戏剧性地增加借贷和增加消费。现在,布什和奥巴马都计划增加负债以刺激未来消费,同时保持利率接近零的水平,以此让我们从危机中解脱出来。把治疗头疼脑热之类不适的小药当作治疗重大疾病的猛药大剂量投放在首发病原部位,这还是第一次。我们把所有这些计划称作醒酒液;这倒让我想起一个酒鬼,喝高了之后,第二天早上第一件事就是想法子缓解酒后残留的不适感。

全世界所有的经济学家, 无论何许政治信仰或属于保守派 / 自由派,几乎都支持奥巴马刺激经济的大计划, 这个事实并不令人稍感宽慰。相反,倒更使我深信,所有的经济学家都看走了眼。我想,他们都在对研究生院里念过的同一本教科书变调重弹:C+I+G=GDP。他们认为,当 C(代表消费)下降,通过让 G(代表政府开支)增大,或者让 I(代表个人投资)增大,GDP 仍然可以保持增长。当然这个算式本身不错,但我认为它根本不能反映真实世界里的状况。

如果政府支出能在一个经济系统中代替消费,那么所有国家都会这么干。只要哪个国家的 GDP 出现踌躇不前的状况,政府就马上玩命花钱,增大开支即可。我想不出这样一个例子说明这种方式在哪里生过效。罗斯福据信采用过花费巨额资金的手段帮助我们走出了大萧条,但是另一些经济学家认为他强调政府开支的做法反而使大萧条延长了。多年来,人们的一个共识是,真正结束大萧条的因素是政府把大量资金投入了第二次世界大战,但是即使到了今天,这个猜想也还是不断受到新经济理论研究者的攻击。有人认为是经济上的产能,造出了用于战争的坦克、炮弹和飞机,因此你可以走出去,摧毁全世界的生产能力,在我看来这纯属无稽之谈。

而且,没有人指出,我们不是在为政府支出的增长或者为任何减税措施付账。我们正在借用我们后代的资产,而迟早这笔账是要偿还的。事情到了这样的地步,就好像我们正在说:我们并不想要过那种 GDP 较小的日子,哪怕少一美元,少消费一点点,或者生活方式较我们先前习惯的稍有不同,我们都接受不了;为了维持所有这一切,我们情愿对孩子们课税,因而他们将不得不在未来过上生活水平较低的日子。这成何体统了。

一个国家,不能肆无忌惮、永无休止地向未来世代借钱花。有人心甘情愿把钱借给这样的国家。特别是美国,其间的储蓄率为零。奥巴马和布什的增加借贷以资助更多的不必要消费的计划还是能运作的,只要外国政府和外国机构能不断地把钱借给美国。我不清楚他们是不是永远要如此走下去。乔治·布什入主白宫的时候,已经有5万亿美元的负债,那是在过去30年间迅猛增长起来的数字。现在看起来,他走出白宫的时候,负债恐怕要接近10万亿美元了;这还不包括8万亿美元的担保费,那是汉克·保尔森和本·伯南克试图阻止金融危机采取的措施;或许还有被政府吸收的5万亿美元的房利美和房地美的可疑资产。

甚至在奥巴马经济刺激计划或减税计划开始实施之前,管理与预算办公室预计2009年的财政赤字大约为1.2万亿美元。现在,GDP已经从它的峰值14万亿美元降下来,这将意味着我们政府的运行赤字已经超过我们GDP的15%。这不仅是最高的历史纪录,还是因两个因素成为最高。

而且,这还没有算入我们政府的最大开支,所谓的社会保险和医疗保险计划。据估计,未预留的医疗和社会保险形成的债务,在现有基础上,将额外增加35万亿美元的政府负债。

如果这次经济衰退持续若干年,谁都很容易看出,整个政府的债务将迅速地超过20万亿美元,政府的整个负债将超过50万亿美元。

未来几年,假设GDP收缩到12万亿~13万亿美元的范围,我们的负债将接近GDP的4倍。

这真可谓一个庞大的数字。它将把我们置于资产储备最差的国家行列,与世界上最贫穷的发展中国家并驾齐驱。

美国是否有充分的借债能力去满足政府运转需要的开支,这已经不再是一个假设的问题。当我们的负债接近这种程度,外国投资者和外国政府无疑会撤回他们在美国的投资。假如海外那些国家和他们最大的机构停止借贷给美国,那一切都结束了。依靠每年越来越大的运行赤字支撑,我们承担的风险不仅是借贷过度到了令其他国家反感的地步,还创造了这样一种环境——我们的政府的运行最终不得不停下来,因为如果它的借贷能力被剥夺,政府将不具备充足的现金流。我们不仅在运行赤字,而且还要借钱扩大这些赤字,这样下去,我们维持不了多久的。

　　我认为,我们不能靠借贷和过度开支走出困境,而且,我尤其怀疑政府的开销,因为从始至终一直都不是创造性的。奥巴马计划用万亿美元之多的资金投入国内资金短缺的地方。他们不会雇用任何新人,他们只不过要继续给自己比私人企业更高的工资。经济刺激计划的另一大块将用于增加和扩大失业救济。这又是一个值得恭维的事业,但是无助于开创新的就业机会。

　　最后,政府还在谈论通过修筑高速公路、修缮桥梁、在城市中设立无线互联网、投资于各种基础设施、竖立电网,等等,以此来创造新的就业机会。如此庞大的基础建设项目的确能提供不少全日劳动岗位,但是如今,很少有美国人仍然属于蓝领建筑工人了。现在几乎所有的美国人都在服务行业工作。这不同于20世纪30年代,那是,让大家帮忙挖一挖壕沟,就解决了大部分美国人的就业问题。当今的建筑工地上的工作已经帮不了几个美国人就业了。政府很难找出合适的经济刺激计划来为医生、律师、银行出纳以及其他专业技术人员提供就业机会。这也正是何以私人企业创造更多的就业机会而政府不能的原因。与其认为刺激经济,还不如允许它收缩一些更好。我们的经济实际上已经到达了一种难以为继的水平,因为人人都在借钱,从事超过自己负担能力的消费。经济需要回到更合理的水平,正如房价必须回到银行与抵押贷款市场变得疯狂之前的水平一样。

　　假如能让 GDP 收缩到 2002年的水平,那样情况还不至于更遭。我们不少人 2002年都过得不错。那并不意味着一定会爆发失业,但是生产力提高到一定程度, 要实现充分就业, 相当于我们每个人需要从工资中拿出5%~10%,才可以达到。我想,这可能是我们摆脱危机的一个代价较为低廉的办法;不然的话,危机不仅会威胁到我们的职业、我们的国家,甚至还会威胁全世界。但是大公司,尤其是高度负债经营的公司,在 GDP 缩减的情况下很难安然无恙。他们的债务负担将会把他们推向倒闭。我们大公司和金融机构如此大量的负债必须通过一些有效的手段加以解决。我建议创建一个新的破产法庭,用几周、而不是几年时间来处理相应事务,因而公司可以很快完成破产后的重组,并且制定出更好的经营计划以及新的管理机制和较少的负债成分。

　　另一个建议是,让政府实行货币膨胀,并且有目的地制造实质性的通货膨胀。很可能在今后两年内需要高达 20% 的通货膨胀。这听上去像是一个疯狂的主意,尤其是,通货膨胀对经济的冲击会是破坏性的。但是我们面对的并不是一个运行良好的经济。如果你把真实的短期而非永久性的通货膨胀引入系统,每个人、消费者、政府系统以及银行,都将看到自己债务的真实价值减少。现在这个世界需要的正是这个。负债者需要被给予一定支持以减轻债务负担。全面的货币膨胀的确能迅速而有效地实现这一点,而且也是适合的,因为几乎人人都有过多的负债。

如我所说,当这场经济衰退进入第二年,我不能说我们的政府或者金融机构一定可以开发出一个有效战略来走出困境。把大量纳税者的钱投给银行去拯救它们,甚至在债权人的负债投资尚未受到一点冲击的时候,这样做不仅全无作用,还会显著地拖延经济的脆弱状态。直接把钱给予一个国家最大的金融机构恐怕只会使这些公司延缓破产,如前所说,基本上不可能充分解放信贷市场或增加对消费者或企业的放贷。

奥巴马总统通过对个人减税并大幅增长政府开支的办法放款给主街(Main Street),以这种方法刺激经济,实际上很难达到目的。我并不以为这样做可以创造出足够的就业机会,而且我认为,这也不会减缓经济的下滑。

现在我们身在何处?我们正处在历史所见证的最严重的一次全球性经济衰退之中。这是一场真正的危机,如果我们在先前所犯错误的基础上再犯一点错,我们眼前的危机就有变成真正的大萧条的可能。我建议,有些最基础性的改革一定要发生,那样才能稳定我们的资本市场,恢复对我们经济的信心,并且修复我们破损的金融行业。

首先,我们不仅需要更大的透明度,而且要让所有资产、债务、保险、信用违约互换位置以及我们的金融面对的任何其他负债状况都完全变得透明。我说的不是年度报告的两页附加内容,我想说的是,公司财务事项的披露,或许会成为长达 1 000 页的文件,可以放到互联网上去,为美国每一家公司和金融机构所借鉴。全世界的借贷者、投资者、放贷者以及公司和银行的商业伙伴,在跟这些个体公司做生意的时候,充分了解风险的真实所在,这是至关重要的。

第二,我将进一步建议,立即解散信用违约互换市场。这个 65 万亿美元的市场不仅给金融系统带来巨大的不稳定因素,而且它也没有被用作一种阻隔风险的工具;相反,它成了一个纯粹的投机赌场。另外,信用违约互换市场在公司与他们的违约事件之间制造了一个相互关联的层面,它使得资本主义及其创造性破坏的理论再也不起作用。由于他们在信用违约互换市场上的这种内部联系,这个国家几乎所有主要公司都发展得过度庞大乃至不能允许它们垮掉,因为那将引发系统中其他部分大规模的失效。当系统内的公司过于庞大乃至不能破产,资本主义机制就不再起作用。

要关闭整个信用违约互换市场,似乎显得有点极端,但是这种市场形式从一开始就是一个错误。仅有一个普通的票据交换所用于交易,或者引入某种既毫无意义又无效率的规章,并不能消除公司之间广泛存在违约风险的基础性问题,却创造出了不是资本主义的集体主义。资本主义是建立在个人动机的独立性以及个体公司竞争与破产的能力上的。信用违约互换市场的众多出现可能被收归国有的违约风险的公司共同分担违约风险。

我恳请美国,别上那些故弄玄虚的学者和保守派专栏作家的当,他们试图把当前的金融危机统统归咎到华盛顿和政府身上。当然,政府在其中也扮演了主要的角色,然而造成危机的主要原因还是整个系统的缺乏管制。的确,是政府对商业领域放松了管制,但是,是商界通过竞选资助和游说活动买通了政府来达到"去管制"的目的。

自由市场经济不可能在没有管制的条件下成功运作。我们必须经历如此巨大的痛苦才能认清这一点,真是令人汗颜的事情。对许多研究过制度在创造经济增长方面重要性的经济学家来说,资本主义不能在没有适宜的规则、法律和规章制度的情况下发展,这是显而易见的道理。现在我们有望汲取这个教训了。

当然,对政府的挑战是要通过正确的法规。再强调一次,只要华尔街和美国的商业集团依旧通过游说活动控制着国会,能够匡正市场的必要和有意义的行业法规就很难得到通过。因此,我们需要实现的、可能也是最难以实现的第三种基础性的变革,就是所有公司对华盛顿实施的游说和竞选捐资活动必须终止。

下一个问题则是,我们的经济体系中贯穿着让负债经营大行其道的途径。公民个人也将利用拒绝偿还贷款减少自己的债务负担。当他们对贷款欠债拒绝偿还，放贷给他们的银行机构就会加大损失。这些损失将会威胁到我们整个银行系统的偿付能力，乃至我们需要对整个银行系统重新注资或重新组建；比较有望解决问题的手段可能就是让银行迅速破产的措施，那样，银行的债权人也将会与美国的纳税者一样，不可避免地蒙受损失。银行本身就是通过过度使用负债杠杆经营的。他们的负债与资产的比值，也就是杠杆比率达到了 25∶1 乃至 35∶1，需要回到较为合理的水平，比如在 8∶1 或者 12∶1 的水平。为了实现这一点，银行必须戏剧性地缩减他们的资产衡平清单。如果全世界所有银行卖出他们所有资产的一半，并且不再有新的借贷，你将会看到全球经济要经历何等痛苦的过程。我认为，我们没有任何其他途径可以避免这样的痛苦与损失，而且这也是我对全球经济未来三四年的前景并不感到乐观的原因。这个削减负债杠杆的过程将会迫使政府和金融机构以及大公司不再从事新的、刺激经济的购买活动，代之以收回资金、偿还旧债。这是很好的商业实践，但这将意味着 GDP 的缩减。

如同我们在本书中看到过的我的第六点看法，因为美国多数的大公司和金融机构存在着非常严重的资金 / 代理问题。这是一个需要严肃探讨的问题。投资过程中有许多中间人同时扮演着投资代理人的角色，他们不一定都会把投资者的利益放在心上。但是现在，这个国家存在的最严重的资金 / 代理问题是，管理队伍根本不把持股人的利益当回事。我想，这就是说，我们不能每年都把大量的现金红利和大量认购股票以及特许股份给予那些投资管理者。如此高额的奖金酬劳和股份享有应当是他们几年工作后赚取的，不应在他们离开公司前拿到。这是我认为能让管理人员与持股人一样保持长期工作动力的唯一方法。管理者不应以抢夺短期利润、增加奖励基金以及特许股票价值作为基本的职业动机，那样做会威胁到他们公司长远资产的偿还能力。

还有第七点，在所有这些对行业的管理法规呼吁之后，你或许得出结论说，我是一个自由主义大政府的拥护者。但是，没有任何事物可以超越真实。我憎恨大政府。我谴责我们教育领域的弊端——我们的小学和中学都是由政府主办和管理的。我还认为，我们在数次战争中失败的根源在于，那都是政府发动的战争。我还认为,我们的社会保险和医疗体系是腐败的,因为他们是政府的一部分。我想不出有哪件事政府给办好了。我相信,我们的国会里是一窝混账,我们的总统经常被出卖给叫价最高的竞标者。

因此,我对政府全无半点敬意,特别是大政府。

这就让我很是左右为难了。你看,我不相信大商业能在缺乏规则与管制的情况下运转,但是我又不认为政府已经足够聪明、足够独立,乃至不再让大商行去撰写有效法规。我想,他们会着手制定法规,但那肯定不是正确的法规,而且我不相信政府会持之以恒地正确实施那些法规。芝加哥大学的乔治·斯蒂格勒写了那本著名的获诺贝尔奖的著作,他指出,法规不会阻碍商业发展,只会对它有帮助。当那些管理法规由那些对限制商业权力感兴趣的活跃分子初步通过,一段时间以后,那些活跃分子将丧失兴趣并且那些商行自身会取代调整后的实体,再利用它们去使竞争最小化,并使利润最大化。

因此,对这一系列的问题我有完全不同的解决方案;不能仅仅增大政府的规模和权力然后再让它对商业制定管理法规。我不相信他们能把这件事做好。

我建议的解决方案,有些激进,一开始你可能觉得难以相信我们可以真的实施这种方案,即:让所有实体缩小规模。让所有机构变得更小,权力集中程度也尽可能减小。权力导致腐败,绝对的权力导致绝对的腐败。我们应当找到一种途径,使联邦政府的规模与权力不再如此之大,以致他们可以随意决定把自己的意旨强加给它的人民,使人民感到自己成了政府的奴隶而不是相反,政府应当是人们的公仆。我相信这是能够实现的,只要我们严肃对待一系列公共事务,比如,更多地强调直选而不是推举代表选举;更多地强调每个公民亲身投票,并且大力限制国会议员在华盛顿的供职时间。类似地,我们还需要限制大公司的权力,长久以来它们的权力过度膨胀而且效力过大。我建议,每次当一个公司发展到 2 000 亿美元(包括它的负债资产)的市场能力时,就应使之分化为两个或三个公司。这样将不会带来价值的散失,因为原来的持股人可以从分化后的那两三个新公司收取自己股息。但是,不能允许公司发展到一种可以随意指示政府为他们办事或者在市场上形成垄断地位的规模。我知道,这听上去相当激进,但这正是人们认为的、使资本主义能够行之有效的基础。

资本主义制度下应有的状况是:参与市场活动的商业机构都应当是完全独立的, 规模要小到不至于能够对市场或市场的规范施加影响的程度。我们最大的银行与最大的公司显然都违背了资本主义的这一原则。

我想, 对公司的规模加以限制——而且这需要通过协商让全球其他国家也这样做——将会戏剧性地为国家增加产业效力和创新能力。你是否可以想象到, 假如, 代之以我们硕果仅存的底特律三大汽车生产厂, 从30年甚至40年前我们就把它们分解为9个汽车产业公司, 那会如何? 我想, 假如按照这样的公式来做, 现在我们可能就会二三十个汽车生产公司了, 它们每一个都会不断地创新设计, 开发出新的产品, 比如混合燃料的汽车、氢燃料汽车或者电动车辆。一旦我们把所有大公司都分解开来并且斩断他们对同业的垄断限制, 那么所有小公司都能有健康的创新环境, 推而广之, 所有行业都会具有繁盛的、富于发明和创造的局面。

这就是我所列出的简短的改革项目清单, 我希望能看到它们得以实现。我深知这些都属于重大的变革, 但我们应该清楚, 我们面对的是非常严重的危机。我们已经非常接近这样一个世代罕见的时刻——全球的金融系统和世界经济即将彻底崩溃。如果说史上曾有人见证过经济体系的瘫痪, 那么我呼吁, 我们不要重蹈覆辙。我们需要实施一系列重大变革, 让我们的资本市场和我们的政府良好地构建起来以确保悲剧不会重演。

我对经济前景的估计, 如同你能想象到的, 实在不算乐观。如我先前所说, 我不相信奥巴马能够靠大把花钱成功走出经济衰退。我还认为, 这场大衰退与我们史上经历的任何短暂衰退远为不同, 因为整个经济系统中罕见的大量负债杠杆的运用亟待匡正, 而且我们资本市场缺乏管制所产生的结构性问题也亟需解决。我们需要从根本上改变这个国家盛行的大商业和大政府的模式。金融垮塌的出现已经证实, 现有的经济体系几乎不起作用, 只有重大的调整才能解决问题。

我估计, 这种经济形势在未来几年而不是几个月, 还要持续恶化下去。不会像先前我们遇到的暂时衰退那样很快反弹回去, 我认为, 恐怕要一个很长的时期,5~8年,经济都将在一个产出较低的水平挣扎。整个恢复期也不会呈现一个 V 字形的过程——有一个突然的反弹，而更可能像一个 L 字形，也就是在一段急剧下降之后，很长时间维持在很低的水平。

同时我们还有非常真实的危机，尽管现在它可能只有 5%~10% 的比例，而且这些警报信号很容易被忽视，那就是国会将继续按照大公司出价要求的事情。美国人将会对这样的金融市场和这样的政府丧失信心。整个系统行将崩溃，我们则有可能进入一个真正的大萧条时代。在这样的前景下，什么坏事都有可能发生。如我先前所说的，我相信，现在有 25% 的美国人已经失业，而到了大萧条期间，这个数字将上升到 35%~40%。如果你还想探询股市走向，恐怕就更难了。我还会谈到这一点。目前股指在 9 000 点，股市当然更有可能下滑而不是上扬。看上去有点像 S&P500（标准普尔公司指标）的单位指标在 2009 年只能赚区区 50 美元，假如你把它扩大 10 倍，那你就能得出 S&P500 的预期值了。那将只是 S&P 现在价值的一半。我认为股市不会有任何上扬的趋势，相反，在奥巴马的经济刺激计划作用下，股市可能暂时改善一些，但那只会是短暂的。

我认为债券交易市场肯定会继续恶化。一个像美国这样一个背负巨量债务的国家，以每年数万亿美元的赤字运行，以接近零的利率继续借贷，实在不像话。美国需要偿还贷款的数量级将戏剧性地增高，因为通货膨胀也将卷土重来。通货膨胀重返，主要是由于政府要大量印刷货币去为不愿意放贷给我们的金融机构注资。一旦通货膨胀到来，利率将出现突起的峰值，你所买入的为期 10 年、利率为 2% 的国库券，一美元就只值 50 美分了。我相信，商品价格仍会保持在较低的水平，到了通货膨胀的时候，价格也会上涨。但我不建议大家购存商品，因为市场对它们的真实需求将会随着经济的疲软而下降，但一般价格可能会在通胀期间上涨。假如你想为自己的投资基金寻求躲避这场风暴的庇护手段，我想，唯一的所在就是黄金和抗通胀债券。这两者对你的购买力都将是很好的长期保护手段，因为它们都可以防护意料之外的通货膨胀的冲击。

至于房价，我相信在未来两年还会继续下降，而且，不会再重返先前的水平。银行也不会再以 10 倍于你全部收入的量级并且在不收预付款的前提下贷款给你买房。那种日子已经过去。在一个新的、更为理性的放贷要求和资格审查下,全美的房产价格将会从其峰值下降至少 30%;在加利福尼亚和佛罗里达等沿海城市,以及拉斯韦加斯和亚利桑那,房价甚至会下降 50%~60%以上。

在区区一本小书之内完全囊括所有谎言实在不容易办到。在我写作这本书的那些日子里,书中涉及的那些事情令我深感压抑,沉重的心情几星期都无法缓转。我发现,这些事严重地困扰着美国人,现在也困扰着全世界的公民,大家都在承受着来自金融危机的真实的困苦,而这一危机,本来应当可以避免的;只是由于华尔街、大公司集团以及我们的政府的那些谎言,我们不得不遭遇危机。

结束全书的写作,我知道,我们不可能一举消除所有的谎言。因而我由衷的奉告是:对你信任的人,要极其警惕。在金融事务上,永远要问这样一个问题:这个为我做顾问的人将会从中得到什么?永远要尽力弄清那些人是从什么哲学背景出发的。假如有人自称是热衷货币主义和自由主义的家伙,那也不会与这样的事实有什么天壤之别:他们只想发现一个问题,然后让得出的结论符合自由主义的观点。如果你能进一步分辨他们的偏好,那会有助于你对他们那些建议的理解。

我的强烈劝告是,在你的个人生活与职业生涯未来的道路上,永远不要接受谎言。我认为,作为一个社会,我们一直在姑息那些欺骗我们和欺诈我们的人。我们不去终结谎言,谎言不会自行终结的。不要让那些撒谎者和行骗者脱钩。要警告他们不道德的行为,把它们公之于世,让他们为此感到耻辱。如果骗子们涉及金融事务,那就把他们抓起来。千万不要让他们跑掉。

真实和真诚不仅是我们社会的基石,而且也是强大的经济体系的基础,是全人类交互作用与组织构建的基础;没有真实和真诚,生活将是盲目和空虚的。

现在,这里有最最重要的一条奉告。让我们停止相互撒谎。撒谎不是一种不侵害他人的罪行。撒谎会造成真实的伤害和困苦。让我们竭尽所能去让我们的生活成为寻求真实和真理的过程,并且在这一过程中激励所有其他的人去引领更充实和更高尚的生活。